運が味方する神習慣

成功者だけがやっている!

藤原美津子

フォレスト出版

はじめに　なぜ、一流の経営者ほど神社に行くのか？

あなたは今までの人生で、「自分は、人や仕事に恵まれ、神様に守られている」と感じていますか。人は誰でも、

「今より運が強くなりたい」
「より大きな成功をしたい」
「社内の空気を良くしたい」
「もっと良い縁に出合いたい」

そう願っているかと思います。
ですが現実は、なかなかそうならないことも多いでしょう。
ほかの人ばかりがうまくいっているように見えて悩むときもありますよね。
では、どうしたら強い運を手にしたり、良い縁に出合えたりするのでしょうか。

この本では、そんなあなたの願いを実現するためのご提案をします。

あなたが確実に成功の切符を手にし、人生の力にできる方法が「神習慣」です。

神の力をいただき、活かすための習慣なので「神習慣」と名付けました。成功した方たちが行ってきた「神習慣」もご紹介しています。

この神習慣のなかでは、神社参拝を「一流の神参り」として、かなりのページを割いています。なぜなら今まで、なんとなく曖昧《あいまい》にしてきた「神様との接し方」を一度整理して、神様の力をいただける「神参り」をしていただきたいからです。

神の力をいただける神参りができれば、「運」は必然的に良くなっていきます。

では、すでに成功された方たちが、どんなふうにして「運をつかみ」「縁を大切にして」こられたのか、そして「大きな成功を勝ち取られたのか」の秘訣を探ってみたいと思います。私がコンサルティングなどの場で社長とお会いするとき常に感じることがあります。

一代で大きく事業を成功させた社長のお話をお聞きすると、ご自身の着想や行動力の素晴らしさはもちろんですが、ほとんどの方が、「人や運が味方したくなる思考」を持っておられます。たとえば、

「成功の秘訣は、運が良かったからです」

「本当に良い人との縁に恵まれました」


と言われます。つまり直接に力を貸してくれた人に感謝することだけでなく、「不思議な力の存在」を受け入れ、感謝しています。

だからこそ、さらに強い縁や運が巡ってくるのでしょう。


成功している経営者は、神様がお好きです。

そして「運の力」「縁の大事さ」を知っています。

たとえば、パナソニック創業者で、「経営の神様」と呼ばれた松下幸之助氏や出光興産創業者の出光佐三氏は、社内に神棚だけでなく、神社まで造っています。

松下氏は、伊勢神宮の二十分の一の神社。出光氏は、製油所に宗像《むなかた》大社の十分の一のお社を祀《まつ》られていることで知られています。

また日本電産（現ニデック）の永守重信氏も、五十年間一度も欠かさずに、月一回の神社へのお参りをしていらっしゃいます。そしてご著書『運をつかむ』（幻冬舎）でも「三割が実力、七割が運である」と言っておられます。

○出光興産の創業者、出光佐三氏
○パナソニックの創業者、松下幸之助氏
○日本電産（現ニデック）の創業者、永守重信氏

これら一流の経営者の方々にはある共通点があります。あなたは何だと思いますか？

才能がある、能力がある、努力家、時代を読む目がある、情熱がある……きっと様々挙げられるでしょう。しかし「経営の神様」「時代を代表するカリスマ経営者」と呼ばれる背景には、先に挙げたものに加え「神社に深いつながりを持ち、運を大切にしていた」ということがあります。

運というのは実体としては目に見えません。

しかし見えないはずの運の力が、人の人生や仕事の成功に大きな影響があるとしたらどうでしょう。何か良いことが起こった、不思議とやることなすことがうまくいったという経験は、成功した方ならば多くの人が体験しているのではないでしょうか。

その要因を分析しても、「運が良かった」としかいいようのないことだったりするはずです。成功した方は、この事実を知っています。だからこそ、彼らはこの運の機微というものを大事にしています。


では、どうやったら「強い運」や「縁」を手にすることができるでしょうか。

世の中で成功している人、一流といわれる人たちは、どのように「運や縁」をつかみ「飛躍の力」にしたり、「厳しいとき」を乗り切ったりしていかれたのでしょうか。

神道哲学者に教えられた「神様」との付き合い方

話を始める前に、私が神道を学んだきっかけである、亡き夫・藤原大士の話を少しさせていただきます。

夫は、神道家としての社会的な知名度はけっして高くはありませんでした。おそらく知っている方のほうが少ないでしょう。しかし政財界の重鎮や法曹界の大御所などから、大事なときに意見を求められるといったことが幾度となくありました。

○政治では、総裁選に立つべきか否か
○大企業の次期社長選出などの前に意見を求められる
○法曹界の大御所から、「この判断は神の意に叶うかどうか」を問われる
○大学病院の学長、副学長などから、「神の目から見た人の命」について尋ねられる
○プロスポーツ選手から、ご子息のプロデビューについてのご相談を受ける

共通しているのは、ご自身の判断が「神の目から見て、意に叶うかどうか」でした。

主人亡きあとは、私自身も、同じように経営者の方たちから、次のような問いかけをいただくことが何度もあります。新規の事業を進める前に「○○事業をこんなふうに進めようと考えています。私の考えとこの事業は、神様の意に叶っていますか」などです。

いわゆる一流、超一流と呼ばれる方々からです。

そして本当の意味で上に立つ方ほど、神様（目に見えない大きな力の存在）や運に対して大変に真摯な気持ちで向き合っておられることに気がつきました。

なぜならその方たちの判断は、会社の存続や社会に大きな影響があることを知っているからです。

そしてこの世には、自分の力だけではどうにもならない何かがある。だから自分の使命や役目を果たすために、目に見えない不思議な力の存在を無視できない、あるいは大事にし、味方してほしいと感じているからです。


この本では、神道研究家として神道一筋に三十年を過ごした中で、（夫と共に）お受けしてきたご相談や体験したエッセンスを、運を上げるための「神習慣」としてお伝えします。

成功する人には、特有の「神習慣」ともいえる思考や行動の習慣が存在します。

「成功の八割は、習慣にある」という方もいらっしゃるくらい、「良い習慣」は「成功の鍵」ともいえるのです。

あなたも「本当に神様に守られているのではないか」と思えるような奇跡のような習慣を身につけませんか。

実は特別なことではなく、日本人が昔から大事にしてきた伝統の中にもたくさんあります。おじいさんやおばあさんに尋ねると「そんなこと当然だ」と言われるようなこともたくさん含まれています。

この本では、全部で三十の「神習慣」をご紹介しています。

ここでご紹介する「神習慣」の中から、まずはひとつ行ってみてください。

そしてあなたに合った習慣をいくつか実践していただくことで、今までとは違う着眼が生まれたり対人関係の変化が起きたりします。人生においての運、縁などが変わっていくことでしょう。

神習慣ゼロ「神の意に叶う思考の転換」を行う

第一に「神習慣」の最も土台となる考え方を「神習慣ゼロ」としてお伝えします。

それは、**「『神の意に叶う』思考の転換を行う」**ことです。

人と神様は、普通「人がお願いをして、神が叶えてくれる」の関係です。

「お参りするから、ご利益をください」
「おみくじ引くから、大吉を出してください」

それをほんの少しだけ変えてみましょう。この少しが、大きな差になって表れます。

今、突然、このような話をされて、

「え？　神様って、自分の願いを叶えてくれるんじゃなかったの？」

「神の意？　わかりっこないじゃないか」


と思われたかもしれません。

人が神様にお願いするときに、自分の願いを中心にするのは自然なことです。でもあえて、この「思考の転換」についてお伝えします。なぜなら、本書でご紹介する「神習慣」があなたに本当の力を得ていただくための大前提であり、欠かせないものだからです。これは、神様のお力を大きくお借りする、神様に味方になっていただく秘訣といっても過言ではありません。


「神の意に叶う、思考の方向転換」をすることとは、「神が、この世を良くしようとしていることに、自分もお手伝いをさせていただく」というふうに方向転換をすることです。

たとえば受験。絵馬に書く願いで、「とにかく合格させてください。早く遊びたい」「受かったら勝ち組だ」と思うことは、普通の感覚。思考の転換をすると、「合格することで、こういう学問を修得したい。そして、この世を良くしようとする神様のお手伝いをさせていただきたい」と思うなどです。

ビジネスの成功も、同様。

「なにとぞ○○が成功しますように」と願う、心の中に「人の上に立ってお金持ちになりたい」と思うか「人の上に立つからこそ、神の意に叶う考えで人を導こう。幸せにしよう」と思うか。

この思考の転換をしているかどうかで、成功を大きく分けてしまうのです。

神習慣ゼロは、今までとは少し違った「神と人」との関係。大きな成功をした方が無意識に身につけている思考です。

たとえば京セラの稲盛和夫氏は、「利他」の心を中心に、一代で京セラをグローバル企業にされました。次に第二電電の（現ＫＤＤＩ）立ち上げ、さらには誰もが困難と思っていた日本航空（ＪＡＬ）の再建を成し遂げました。現代の「経営の神様」ですね。

そんな大きいことを言われても、自分には関係ないよと思われるかもしれません。

しかし奇跡と思える成功の根底には、「神の意に叶う思考の転換」があったとしたらいかがでしょうか。思考の転換は、しようと思えば誰にでもできるものです。

「神の意に叶っているか否か」をお考えになる方は、目先の損得で判断するよりも、たとえ困難な道を歩もうと、何年か後の大きな布石となるために目を向ける。

またたとえ小さなことであっても「神に代わって、世の中を動かすこと」。つまり「世の中の役に立つ」ことを好まれるようです。だからほかの人以上の強い力が得られるのでしょう。


今、成功者といわれる方も、始めから成功者だったわけではありません。

だから大丈夫です。今からでも、成功者の階段を駆け上がることができるはずです。

激動の時代を乗り切る力を手に入れる

これからはＡＩをはじめとして、激変の時代です。

昨日までの常識、通用していたことがうまくいかなくなったり、価値観が大きく変わる事態が起きたりするかもしれません。そして会社という決められた組織の中にあって、守られている時代ではなくなりました。

だからこれからの時代は、どなたも自分で自分の運を切り開いていくことが求められます。その際には、正しい判断をしていく力や、時代の大きな渦にあっても力強く乗り越えていく力が必要です。

つまりこれからの時代は、誰もが自分の経営者です。今現在、数多くの社員を抱えている方も、独立してひとりビジネスとしてスタートした方も経営者です。

だから経営者としての強い運が必要です。

本書を通じて、どうしたら「神の意に叶う、思考の方向転換」ができるのか、その指針となることについてもお伝えいたします。

本書の「運が味方する神習慣」で運気を高めていきましょう。

藤原美津子

はじめに——2

第1章 成功している人がやっている「神様との接し方」

神習慣1 神様がもたらす「運」の力を信じてみる——24
○「信じること」からすべて始まる
○すごい経営者ほど「神参り」をする
○神様に頼るのは甘えではない

神習慣2 神様と接する優先順位を上げる——32
○神様を最優先にする習慣
○VIPのお客様を扱うのと同等以上に、神様を大切にする

神習慣3 神様とのつながりを「点」から「線」に変える——36
○見えない力（神）を大切にできるか
○神との縁を点から線につなぐと、運勢の基盤が変わる
○神様とのつながりを点から線に変える

第2章

神様と深くつながる神習慣

神習慣4 最高の神参り「黄金の三角形」——48
○一流の人がやっている神参り

神習慣5 一年に一度の伊勢神宮参りをする——54
○経営者は、伊勢神宮に年に一度お参りしましょう
○伊勢神宮の天照大御神《あまてらすおおみかみ》様の力
○仕事や行動範囲が全国規模の方ほど伊勢参り

神習慣6 神様とのご縁をつくる——62
○神様への感謝と恩返し

神習慣7 初詣には三回行く——66
○運を味方につけるなら、初詣は三回行きなさい
○「二回目の初詣」は初出勤の日に会社の氏神神社へ

○「三回目の初詣」は伊勢神宮へ
神習慣8 神様には声に出して言う —— 72

第3章 氏神様と崇敬神社につながる神習慣

神習慣9 氏神様への朔日参り《ついたちまい》をする —— 76
○なぜ氏神様が大事なのか？
○氏神様にお参りするときの注意点
神習慣10 自分と縁の深い神社「崇敬神社」を探す —— 84
○「縁を深める神社」と「挨拶に立ち寄る神社」は区別する
○崇敬神社の選び方
○企業とご縁の深い神社
神習慣11 十二月に「感謝の神参り」をする —— 92

○十二月に感謝のお参りに行くことで、来年の福が大きく変わる

神習慣12 「お賽銭」と「お初穂」で感謝を表す――94
○お賽銭は、神の前に立つ心を整える意味もある

第4章 神様といつもつながる「神棚」の神習慣

神習慣13 神様とつながる「神棚」をつくる――98
○神様の恩恵をいつも受け取る方法
○会社が栄える神棚の習慣
○毎日の神棚の習慣

神習慣14 遠出するときには必ず神棚に手を合わせる――106

神習慣15 いただきもの、大切なものは一度神棚に供える――108

第5章

運を味方につける神習慣

神習慣16 「人の名前」を書いた紙を神棚に供える――110
○社員を「家族」だと考える
○「社員、部下の最も良いところを引き出そう」と考える

神習慣17 鏡を大切にする――118
○鏡は「神様」とふれあう大事なもの
○鏡は姿形だけでなく、心や健康、未来をも映し出す

神習慣18 「諫言役《かんげん》」という鏡を持つ――124
○一流の人は、耳の痛いことを言う人をそばに置く

神習慣19 感謝の言葉を口癖にする――128
○感謝する習慣が「縁」と「運」を運んでくる

○「ありがとう」には神様が宿る

神習慣20 「おかげさまで」と考える——134
○すべては誰かの「おかげさま」
○伊勢神宮のおかげ横丁

神習慣21 肯定する言葉を使う——140
○運が味方する言葉、運が逃げる言葉
○常に栄える方向から物事を考え、言葉にする

神習慣22 禊《みそぎ》を行う——148
○神は火水《かみ》なり
○禊には「言葉の力」も使う

神習慣23 「恩返し」と「恩送り」——156
○「まごころ」を表す

神習慣24 相手の方の「特別」を「特別扱い」する——162

神習慣25 神貯金をする——164

○一流の人は、どんな「神貯金」「徳の貯金」をしているのか？
○「神貯金」をする上で大切なこと

神習慣26 日々、徳を積み上げておく ―― 170

神習慣27 ご奉仕をする ―― 172
○神社の境内を掃除する
○奉仕の事例
○縁の下の力持ち、場を整えることの価値に気づく

神習慣28 一日五分、朝日を浴びる ―― 180
○朝日を浴びる作法
○朝のルーティンに神習慣を入れる
○毎月一日は新しいものを揃える

神習慣29 空間に「神の気」を取り入れる ―― 186

神習慣30 時の神に味方される「神時間」で勝負する ―― 188
○閃いた瞬間に、即座につかみ取る習慣

おわりに ―― 190

第1章

成功している人がやっている「神様との接し方」

神習慣

1

神様がもたらす「運」の力を信じてみる

「信じること」からすべて始まる

あなたは、いざというときにご自身を支えてくれる力とつながっていますか。

「神様と深くつながる」「神参りが大事だ」という話をすると、次のように思う人もいるかもしれません。

「神様の力なんて迷信みたいなものでしょう」

「実際、会社の売り上げが上がるかどうかは、経営努力や市場環境、何のサービスをやっているかとかで違うでしょう」

これらの人に共通しているのは、神様がもたらす力やご縁、エネルギーについて信じていないということです。

もちろん、その気持ちは理解できます。というよりも、「理解できない」ということが理解できます。

なぜなら私自身もそうだったからです。

私自身、この世界に入るまでは、神社はなんとなくお参りしたり、おみくじやお守りを買ったりするだけの観光地に近いものでした。ですから、神様というものに現実感が持てないというお気持ちはわかります。

でも最初に申し上げた通り、人生はその理解できない不思議な力によって大きく変わります。「ギリギリまで努力をしているのになぜかうまくいかない」という状況から、「ギリギリまで追い詰められても、不思議とうまくいく（乗り越えられた）」に変わっていくのです。

成功された方であれば、この不思議と乗り越えられたという経験があるはず。この力を与えてくれるのが神様の力なのです。

もしもあなたが、何か成したいことや達成したい目標があるのでしたら、まずは、「不思議な力を信じること」から始めましょう。

神社にお参りすることで、神様とのつながりが生まれます。そして、正しくお付き合いすることで、必ずあなたのことを助けてくれたり、不思議な後押しをしてくれたりするのです。

すごい経営者ほど「神参り」をする

驚くような成果を上げている日本の経営者は、ほとんどが皆、神参りをしています。挙げればキリがないですが、「はじめに」でも挙げた日本の名経営者の出光興産の創業者である出光佐三氏はその代表的な人物です。

昭和二十八年（一九五三年）の日章丸事件の際、石清水八幡宮を参拝し、航海の安全と、無事使命を果たすことの祈願をされました。その際に、八幡神矢を授けられ、タンカーの船長室にお祀《まつ》りしている神棚に、八幡神矢を捧げて航海の安全を祈られたと伝わっています。

神棚にお祀《まつ》りしている宗像神社の神様は、海の道案内の神様。出光氏の崇敬神社です。そこに日本屈指の厄除けの神社といわれる、石清水八幡宮の八幡神矢をお供えしてここ一番という大勝負に挑みました。

出光氏は、船が沈むときには、自分も生きていないという覚悟でタンカーを送り出したそうです。日本に帰国の途中、イギリス海軍をかわすために海の難所と呼ばれるジャワ海で深夜の航行をします。そのときに奇跡的に沈没していた船と船の間をすり抜け大惨事を免れたそうです（『評伝 出光佐三』より）。

また、昔の経営者だけでなく、比較的若い経営者の方々も神様とのつながりを大切にされています。

たとえば、GMOインターネットグループの創始者で、代表取締役会長兼社長・熊谷正寿氏。上場を予言した若き日の手書きメモなどもあり、ベストセラーになった『一冊の手帳で夢は必ずかなう』（かんき出版）の夢手帳も有名ですね。

参拝のお写真と共に「今年、役員全員で、東郷神社にお参りをしました。不退転の決意で、今期も成長目標を達成します」と神の前で誓いを立てたと述べておられます。

熊谷氏の参拝は、経営者として理想的です。ひとつには、夢、目標を言語化、数値化し、今年の目標達成を誓っていらっしゃること。もうひとつには、役員全員で参拝し、社員と共に栄える会社を目指しておられること。

あなたもぜひ、夢を言葉や数字に表して、目標を達成させていきましょう。そしてあなたを支える周りの方と共に栄える人生を目指していきましょう。

私の知り合いの経営者の方は、「社員と共に栄える会社をつくりたい」と言われて、ご一緒に伊勢神宮に参拝されました。

そして「今日は、幹部社員を全員連れてきました」と言って十数人の社員の方をお連れになりました。その方は、お参り後、会社が急成長し、三年で東京の一等地に自社ビルを建てられました。また、長年されているスポーツも世界ランキングに入り、現在はプロの領域。公私共に充実した生活を送っておられます。この方は、毎年伊勢参りをされています。

成功者は、「人の努力と熱意」「運」「縁」から「現れる結果」の不思議な関係を知

っています。

「あなたの運」と「あなたが出合う縁」は連動していること。つまりあなたの運が強い（上向きの）ときに出会った人や仕事との縁は、あなたに成功や幸運をもたらしてくれる可能性が高いことを体感的にわかっています。

そして、この見えない力は、神様と深く付き合うこと、目には見えない力（神）を信じることから生まれているとわかっていらっしゃるのです。

神様に頼るのは甘えではない

一方で、経営者の中には、「神様」のことを口にするのは、どこか気恥ずかしかったり、気まずかったりする人もいらっしゃるかもしれません。特に日本では、外国の方のように「神様」という言葉を堂々と口にできないという雰囲気があります。

ある社長は仲間思いですごく開放的な人なのですが、神社参拝を欠かさずにしていることを周りの人には内緒にされていました。

私は、「どうして内緒にしているのですか？　普段オープンなのに、らしくないですね。何か意味があるのですか？」と尋ねると、次のようにお話ししてくれました。「大事なことなので、あまり周りには吹いて回りたくないのです」と言われたのですが、さらに聞いてみると「社員たちから、変に思われたくないのです」と言われました。どうやら、「神頼み」＝「甘え」と捉えられるのではないかというのです。

「甘えるのではなく、自分の力で乗り越える覚悟が必要。神様は、本当に大きな存在だからつい甘えたくなる。だから神に甘えたくなる自分を戒めているのです」

もしもあなたが、神様に頼るのは恥ずかしいこと、甘えだというふうに感じているとしたら、その考えは改めてくださいね。

日本人は、昔から**「神と共に働く」**という伝統的な考え方を持っています。**大事なのは、一方的な神頼みではないこと**です。事前に目標を立て、計画し、その上で神様に祈願して、仕事や人生に全力で取り組むことなのです。

仕事に全力を尽くす前提で神様にも頼っていきましょう。

社員や取引先の方たちと堂々と神社にお参りして、短期間で成功の階段を駆け上がる方もいらっしゃいます。中には、決算の報告を見た銀行の方から、「すごい。神がかったV字回復ですね！」と言われた方もいます。

これからの時代は、激変の時代ともいわれ、自分の意思とは関わりなく、世の中の大きな動きに翻弄されたり、自分の力だけで乗り越えるには厳しい時代。

でも大丈夫。

この世の中には、人知を超えた不思議な力が存在します。

まずは「不思議な力がある」ということを信じましょう。なぜなら人知を超えた不思議な力とつながることが、良い「運」や「縁」を得て、「成功」につながる高速切符を手にすることだからです。

人知を超えた不思議な力の存在を「神」「サムシンググレート」と呼んだりします。ではどうすれば、その不思議な力＝神とつながることができるでしょうか。

答えはシンプル。神社にお参りの機会を増やすことで、神様とのつながりが生まれます。そして、正しくお付き合いすることで、必ずあなたのことを助けてくれたり、不思議な力の後押しをしてくれたりするのです。

神習慣

2

神様と接する優先順位を上げる

神様を最優先にする習慣

本書では様々な習慣をご紹介しますが、その中でも神様との付き合いの優先順位を上げることを意識してください。

たとえば、一日の始まりの朝、あなたはどんな過ごし方をされていますか。眠気と戦われている方もいらっしゃいますが、朝は成功者になるためのゴールデンタイムです。この朝時間に、神様と接する習慣を加えてはいかがでしょうか。その上で「朝活」や「早朝会議」などをされると、今までにない大きな気づきや変化が得られるかもしれません。

具体的には、顔を洗ったあと、鏡で身だしなみを確認し、最初に神棚の水を替えたり手を合わせたりする習慣です。それによって神様を最優先にした一日が始まります。もし、神棚がない場合には、朝日に手を合わせてください。朝日に手を合わせることは、体内時計のリセットや夜の睡眠などにも良い影響があるそうです。

何より日本人が伝統的に大事にしてきた「おてんとう様」に手を合わせることにつながります。私も毎朝行っています（朝日を浴び、手を合わせることは神習慣28で詳しくご紹介します）。

現代は忙しすぎるため、日々、神様や天地の恵みといったものを意識することは多くありません。これはいわば、優先順位が下がっている状態です。

昔は今とは違い、より優先順位が高い生き方をしていました。たとえば、農作物の豊作、新しく取れた稲や野菜はまず神棚にお祀りし、神社に納め、神様に感謝していました。

「お初穂」とは「その年取れた最初の稲穂で一番良いもの」をさします。収穫ができたときには、真っ先に神様にお供えしてきました。

つまり、かつては優先順位高く神様と接してきたということです。優先順位を高くするということは、生活動線の中に神社参りを入れたり、神棚に供え物をしたり、何か良いことがあったら神棚に報告するなどを意識的に取り入れていくこと。

優先順位を上げることで、より良いご縁や運が運ばれてくるようになるのです。

VIPのお客様を扱うのと同等以上に、神様を大切にする

ある四十代後半の社長は、「神棚を祀り始めて、『なるほど、だからできる経営者は神棚を置くのだ』という気づきがたくさんありました」とおっしゃっていました。

主な気づきとは次のようなもの。

○神様は自分が一番高いところにいたい

○神様は清潔なところが好き

○捧げる水は最初の水がいい
○お酒も塩も米もお榊《さかき》の水も頻繁に替える

最初は、「ああ、なんて面倒くさいのだ」と思っていた社長も、やっていくうちに、「あ、これってお客様との対応と同じだ」と思うようになったそうです。

当たり前にやるべき心遣いや挨拶回り、時にもてなしたり、手土産を持参したり、雑談をして相手の話を聞いたり……と地道で派手さのない仕事こそが大事だったりしますよね。

神様を最優先にする習慣は、やがて自分を戒め、お客様を最優先にする習慣につながる。毎回、サボりたい心と戦っていますが、そのうち心から感謝の気持ちを持てるようになったというのです。

神習慣

3

神様とのつながりを「点」から「線」に変える

私がいつも言っている言葉があります。

それは、**神様とのつながりを「点」から「線」に変えましょう**、ということです。

先にも述べた通り、日本人は神様と共に生き、共に働いてきました。

しかし現代では、「神社に行くのは初詣くらい」という人も少なくありません。

実際、里帰りをしても神社に立ち寄らない、会社の近くにある神社に手を合わせたことがない、会社や家に神棚はあるけれどほとんど手を合わせていない、という方も多いのではないでしょうか。私もＯＬ時代、神社に行くのは初詣の年一回派でした。

だから恥ずかしながら、会社の近くの氏神神社がどこにあるかすらも知りませんでした。

現代人は、「神様とのつながり」が昔よりも希薄になっていると感じます。

「神様とのつながり」という目で見れば、年に数回は点にすぎません。この神様と意識的に接触し、つながる回数を増やすこと、これがまずおすすめしたい神習慣です。

神様が運んでくる縁や運の力があることを確信した上で、つながりの機会を増やしてみてください。

見えない力（神）を大切にできるか

「急に神様の力を信じましょう」なんて言われたらこう思う方もいるかもしれません。

「何か新手の宗教勧誘か？」

「手に取る本を間違えたかな？」

当たり前ですが、私がお伝えしたいのは信仰心を持ちましょうとか、何かの宗教に入信してほしいとか、そういったたぐいのことではないのでご安心ください。

私がお伝えしたいこと。

それは**神社や神様とつながる習慣**を持ってください、ということです。

私たちは普段、神様の力や存在そのものを意識することは多くありません。観光として神社に行ったり、自分の家の仏壇に手を合わせたりすることはあっても、普段から神様や神様の力といったことを意識することはほとんどないでしょう。

しかし、ほんの少し神様を意識して、つながりを持って生きることで、運気や得られる結果が変わるとしたらどうでしょうか。

私のところに相談に来られる方の多くが経営者や経営幹部です。しかも、誰もが耳にしたことのある大きい会社の方々も多くいらっしゃいます。

その理由は**「最後は運で決まる」ということを理解されている**からです。

仕事は実力、結果も実力。それはその通りですが、この実力だけの側面でうまくいくほどこの世は甘くないのも事実です。

かの松下幸之助氏も「運を大切にしていた経営者」であることが知られています。

新しく正社員を雇用する面接の際、

「あなたは自分を運の良い人間だと思いますか？」

と聞いていたという話があります。そして、「自分はいつも運がないんですよ」などという人は、絶対に採らなかったそうです。理由は会社の運も下がってしまうからと。

逆に「自分は運が良い」と言っている人だけを採用していたというのは有名です。

ここで何が言いたいかというと、**「仕事においては、実績や能力も大事だが、運というものを大事にしている人が大きな流れをつかむ」**ということです。

そしてこの運を左右するのが、

「見えない力（神）を大切にできるか」

「運を味方につける習慣を持っているか」

なのです。
神様とのつながりを増やす機会には次のようなものがあります。

○毎月近くの神社にお参りする
○おみくじを引く
○お守りを大事にする
○お祭りに参加する
○清めの塩などで、身を清める
○神社のお掃除をする

おみくじは、本気で引くと「神の言葉か」と思うくらい心に響くことがあります。普段の生活で、神の言葉を聞くことは、まずないでしょう。だから神社にお参りしたときにおみくじを引いて、神の言葉に触れる、感じられる機会を増やしましょう。

日本電産の永守重信氏も、毎月の神社参拝のときに、必ずおみくじを引くそうです。

おみくじの言葉が、あまりにそのときの自分の状態にピッタリなので、おみくじを引くために、毎月お参りしているといっても過言ではないとまで言っておられます。

神社には、一年の中で何回もお祭りがあります。お祭りのときは、神様の力が強く出ておられるときなので、積極的に参加しましょう。中でも例大祭《れいたいさい》は、それぞれの神社で年一回行われる特別なお祭りです。神社ごとに日にちが異なりますので、インターネットなどで確認してください。

また大祓祭《おおはらいさい》は、半年の汚れや穢《けが》れを祓っていただくお祭りです。六月三十日と十二月三十一日の年二回あります。大祓のときには、「茅の輪《ちわ》」と呼ばれる輪が飾られています。茅の輪をくぐると、ご自身の汚れ、穢れを祓うことができるとされています。

またお祭りのときには、お神輿が出ますよね。

このお神輿を担ぐ人は、担ぐ前に神主様のお祓いを受けます。お神輿の中には、神様の御霊《みたま》を入れています。神輿は、神様の御霊と一体となっての神事なのです。「ワッショイ、ワッショイ」というかけ声と共に担ぐときに、神の魂を振り起こし、より強い力を出していただく。同時に担いでいる人の魂も呼び覚まします。

そうすることで、お祭りの度に目に見えない力が蘇ってくるのです。

神との縁を点から線につなぐと、運勢の基盤が変わる

大事なのは、神様とのご縁を強くすること。そのためには、神様とのご縁を年一回の「初詣」という一点から、毎月、毎日という点に変えていきましょう。そうすることで、「点」が「線」に変わっていきます。

「点から線」に変えていくことで、神様とのつながり、関係値が深まり、運勢の基盤がより強固になっていくからです。

左の図をご覧ください。一年三六五日の円です。

仮に神社にお参りするのが、初詣の年一回だとします。年一回の「点」です。

そこに氏神様への毎月一日の朔日参り《ついたちまいり》を加えると、年十二回の点。

一日と十五日の月二回お参りすると、年二十四回の「点」ができます。

神様とのご縁を「点」から「線」にする

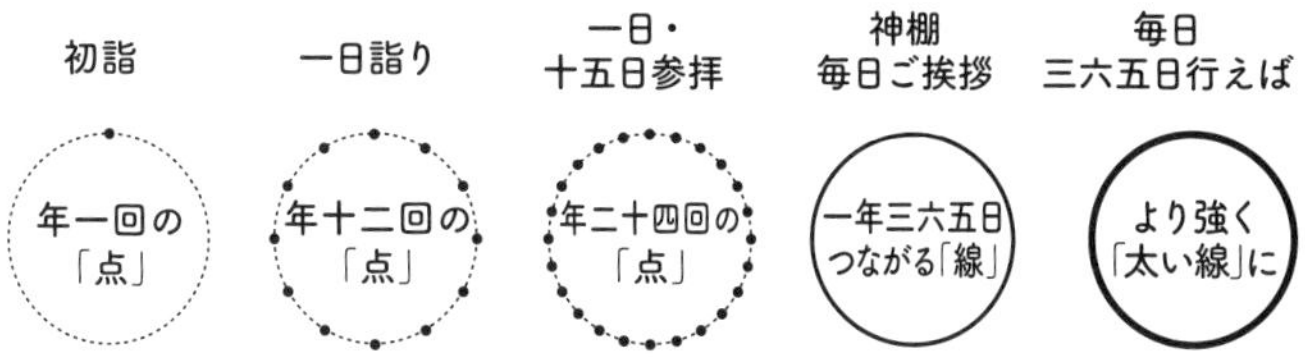

さらに神棚を祀り、毎日手を合わせると一年三六五日つながるよりくっきりした太い「線」になるのです。

ちなみに神棚の代表的なサイズは、幅三尺六寸五分（一一〇センチ）。一年間、三六五日ずっとお守りくださいと願いを込めた神棚の基本サイズです。

神様とのつながりを点から線に変える

この点をただ漫然と「線」に変えるだけでなく、より強く、太いつながりとなる線にしていきましょう。

そもそも、人が神様のお力を本当に必要とするのは、神様を意識しているときよりも意識していないときのほうが何十倍も大きいもの。神様を意識するときは、こちらからお願いしたいときです。たとえば家の新築（お祓いや地鎮祭）や受験や試合など、あらかじめ日が決まっている場合がそうでしょう。

一方で意識していないときとは、不測の事態。たとえば予測不能な事件や事故などのときです。事故は瞬間に起こり、人の力で防ぎきれないことも少なくありません。普段は神様に守られていることにすら気がつかないことが多いです。

老舗企業の多くに神棚があります。社長に「神棚を祀るきっかけはどんなことですか？」とお聞きすると、八割方の答えは、事故や事件がきっかけでした。

「事故が起きたとき、やはり神様に守ってもらいたいと思った」
「もしかしたら神棚も祀っていなかったからだろうか？」
「売り上げだけに気を取られて、神様を大事にしてこなかったからではないか？」

といったご返事がかえってきます。そしてほとんどの社長が、こう言われます。

「神棚を祀り、毎日お水を替え、手を合わせていく中で、自然に神様に対する感謝の気持ちが湧いてくるようになった」

「苦しいとき、もうダメだと思ったときに、どれだけ支えられたかわかりません。実際に不思議な力に守られたと感じることもありました」


このお話から感じ取れることは、神棚を祀ることは、会社として家庭として、目に見えない底力をつけることにつながるのではないかということです。

ご自身の成績や、会社の業績を伸ばすことも大事ですが、それ以上に持ちこたえる力、潰れないということも、大事なことですよね。

実際に老舗企業は、「もうダメかもしれない」の危機を何度も乗り越えてきたはずです。


「心が折れる」という言葉があります。どんなに優秀で強い人でも、心が折れてしまうような辛いときがあるかもしれません。だから人生でも、ビジネスでも、大変な状況を乗り越えられる「支える力」が必要です。

あなたも、神様との縁を点から線に、さらに太く強い線に変えて、人生の底力をつけていきましょう。より力強い人生を歩んでいくことができます。

そのためには、ただ神社参りをしたり、神棚を事務的にきれいにするのではなく、大切なお客様を扱うのと同じ、もしくはそれ以上に大事に、丁寧に関わっていくことが大切です。

神社に行くときの身なり、作法、マナーといったことも知っておく必要がありますし、神様に対して失礼のないお付き合いの仕方ということも知っておくべきでしょう。

こうした丁寧に関わってきた点が線になり、初めて神様がお力をお貸ししてくださる関係に変わっていくのです。

第2章

神様と深くつながる神習慣

神習慣

4

最高の神参り「黄金の三角形」

一流の人がやっている神参り

神参りが大事と知って、「そうか、神社に行こう」という気持ちになったとき、「どの神社にお参りしたらいいの？」「どんなふうにしてお参りしたらいいの？」といったわからないことにぶつかります。「わからないことだらけですよ」という方もいらっしゃいます。

ですから、「たくさんの神社にお参りすれば、ご利益が上がるかも」「力の強い神様のところに行けば運気が高まるのでは？」などと思い悩まれるでしょう。

一方で「せっかく神社に行くならきちんとしたい」「礼儀を知らずに神様に失礼したくない」と誰もが思いますよね。ご安心ください。ここで最もシンプルで、行動の習慣にも取り入れやすい神参りの基本をお伝えします。

私がおすすめしている神参りの方法があります。
それは**「黄金の三角形」**と呼ぶ神参りです。

黄金の三角形とは、神様の力を（相乗効果で）最もお借りできる参り方です。


伊勢神宮を頂点に、氏神神社、崇敬神社にお参りするのです。

私はこれを**「黄金の三角形」**と呼んでいます。

黄金の三角形は、**「神様とあなたが良好な関係を続ける上で整えたほうが良い形」**を表したものです。

伊勢神宮は、日本の中心の神様。つまり日本全体です。

氏神神社は、家や会社の近くの神社。

崇敬神社は、あなたのご縁のある神社。

この三つを意識的に神参りしてみてください。

それぞれの範囲で、神様にお願いすることは変わります。伊勢神宮の天照大御神《あまてらすおおみかみ》様は、日本の中心の神様として国全体に関わるようなことや天命についてなど。総氏神様ですから、その範囲は日本全土にまたがります。

「黄金の三角形」は、神様とあなたの関係だけでなく、家族や社員、地域や取引先との良好な関係を築く上でも大切な意味があります。

なぜなら氏神様を大事にすることで、自分の住んでいる土地、会社のある土地の神様からの守りを得られ、家族、会社なども守られるからです。また良い地縁を得られる可能性もあるのです。

ご縁のある神社とは、会社であれば仕事に関係のある神社。自宅の場合は、家筋に縁のある神社、ふるさとの神社などです。

仕事に縁のある崇敬神社を持つことで、（神習慣ゼロ）にある「神の意に叶う思考の転換」が仕事面でも活かされるかもしれません。その場合、神の意に叶う視野が得られ、より正しい判断ができるようになっていくでしょう。むろん仕事運も強まります。

家筋に縁のある神社を崇敬神社にすると、あなたの家のルーツにつながり、家としての運「家運」が強くなるでしょう。

ふるさとの神社を崇敬神社にすると、ふるさとから離れていても、目に見えない魂の面でふるさととつながる力が強まります。もしふるさとに親や親戚の人がいた場合、自分が近くにいなくて寂しい思いをさせていたとしても、神様に守っていただける可能性があります。

黄金の三角形は、日本人として大切にしたい「感謝の心」をそのまま形にしています。

そして、この黄金の三角形と同じ三つの御札《おふだ》を神棚に用意しましょう。

神棚は、伊勢神宮や氏神神社、崇敬神社と家や職場をつないでくれる機能を持っています。

お近くにある氏神様はともかくとしても、毎日のように伊勢神宮や崇敬神社にお参りに行くのは現実的に不可能です。

だからこそ、神棚を作り、毎日手を合わせると良いのです。

遠方であっても伊勢神宮や崇敬神社におられる神様と毎日つながりを持つことができます。

黄金の三角形の中心にあるのが、日本人の総氏神様と呼ばれる伊勢神宮。伊勢神宮にお参りすることで、日本人としての心と力を蘇らせる。そして個人の願いだけでなく、社会や国に貢献する力を授かる。視野が広がると同時に、全国に広がる力を得られる可能性があるのです。

黄金の三角形

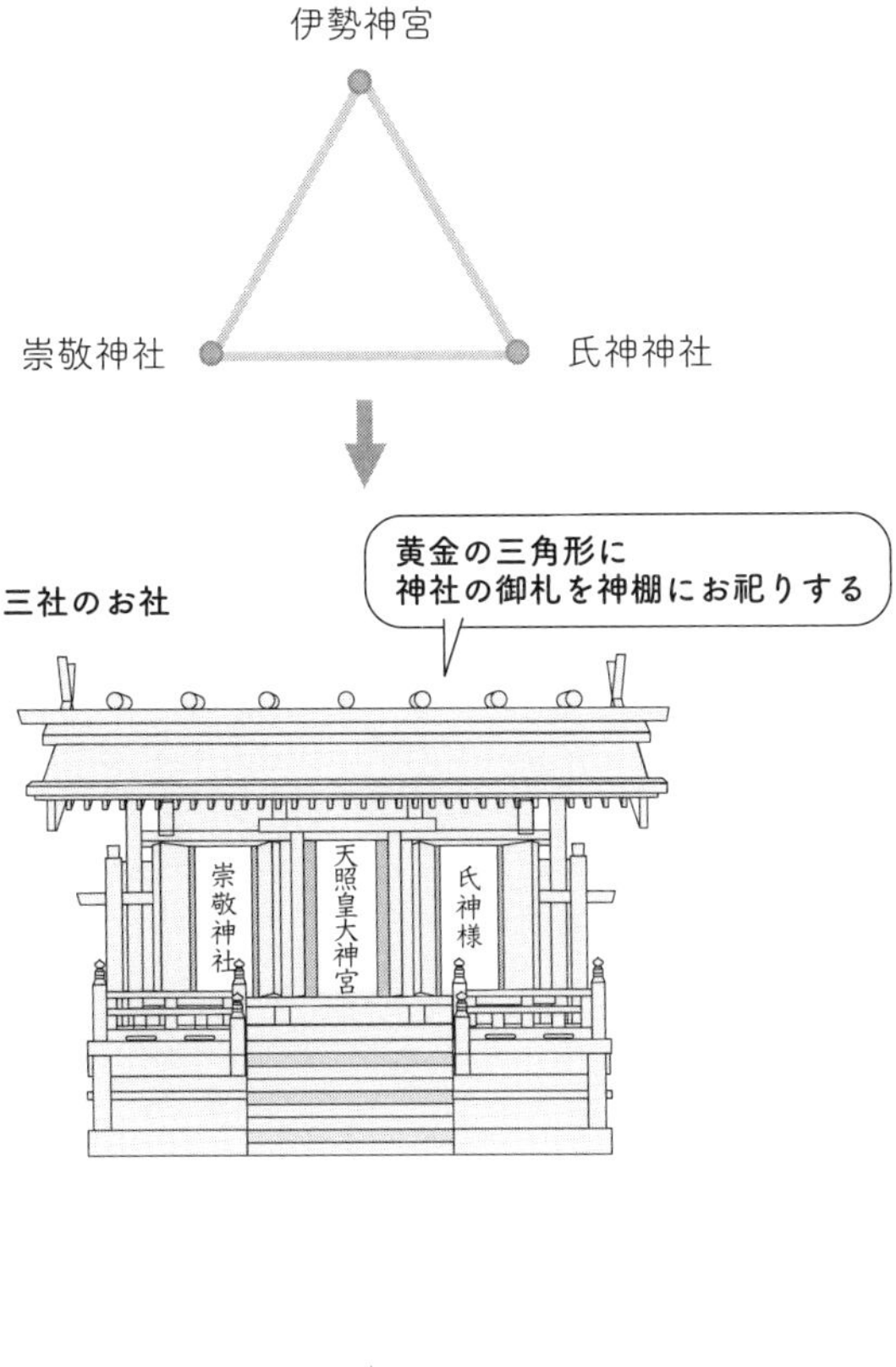
伊勢神宮
崇敬神社
氏神神社
三社のお社
黄金の三角形に
神社の御札を神棚にお祀りする
崇敬神社
天照皇大神宮
氏神様

神習慣

5

一年に一度の伊勢神宮参りをする

経営者は、伊勢神宮に年に一度お参りしましょう

「経営者は、年に一度は伊勢神宮にお参りしましょう」

こうお話しすると「え？　年に一度？　伊勢神宮まで遠いし、毎年なんて大変じゃないですか？」と思われるかもしれません。ですが、実際に伊勢神宮にお参りしてみると、「ぜひとも来年もお参りをしたい」と言われる方が多いのです。

その理由はいくつもありますが、日本人が無意識に大事にしたいものが、伊勢神宮にあるということでしょう。

江戸時代には「一生に一度は伊勢参り」という言葉もあって、伊勢参りがとてもはやった時期があります。人々は、何十日もかけて、伊勢との間を徒歩で往復していました。

関東からは、往復約一カ月、東北からだと約三カ月かかったそうです。

江戸時代の人口が約三千万人のときに、伊勢詣でに年間四六〇万人の人が来られたという記録もあります。六人にひとりはお参りをしていた計算になります。

そして、伊勢神宮にはおみくじがありません。何十日もかけて「伊勢の地に着いたその日は、すべて大吉」であるという考えもあるようです。

今は交通機関がこれだけ発達した時代ですので、一生に一度と言わずに、可能ならば年に一度でもお参りしたいものですね。

小田原の賢人・二宮金次郎氏も、家を興し、仕事が軌道に乗ったときに、「長年の念願だった、お伊勢様にお参りをしてこよう」と言ってお参りされています。

伊勢神宮の天照大御神《あまてらすおおみかみ》様の力

伊勢神宮の天照大御神《あまてらすおおみかみ》様は、日本の中心の神様、最高神です。少し神話の話になりますが、大和心《やまとごころ》を語る上で大事なことなので、お伝えいたします。

日本の神話は、徳をもって治め、清らかですべてのものを明るく照らす天照大御神様を最高神としています。

天照大御神様は、ご皇室の御祖神《みおやかみ》です。天照大御神様の直系のご子孫である天皇陛下は、穢《けが》れがなく清らかで、すべての人々の心を分け隔てなく受け止める存在です。日本は、天皇の御位が上にあって、いかに知謀、武力に優れた人が現れようと、上の座を侵すことなく、上の意をくんでその能力を活かすことで、三千年の歴史を刻んできました。

歴代の天皇陛下は、代々、天照大御神様の御心を受け継ぎ、日本と日本国民のために祈り続けてこられました。

今、世の中は、知謀を巡らし、力で勝ち抜いた者が勝者となる社会です。ビジネスの場では、ある程度「力がものをいい」「清濁併《せいだくあわ》せのむ」ことが必要かもしれません。しかし力で勝ち抜き、徳を欠いた天下が長続きしないことは、世界の歴史を見ても明白です。だからこそ、大きな成功や長期の繁栄を望む方は、年に一度か二度、日本人の心の原点としての「徳」に立ち返ることが必要なのです。

ここで伊勢神宮の大事な役割をお伝えいたします。

伊勢神宮は、天皇陛下が日本国と国民のために祈りを捧げる場。ですから、私たちも、基本的に「ご皇室の弥栄《いやさか》え」と「国家の繁栄」を祈ります。

天皇陛下がご即位後、一番はじめにお参りするのは、伊勢神宮。

総理大臣が一月四日の仕事始めの日に、お参りするのも伊勢神宮です。

国を束ねる人として、真っ先にご挨拶に行く場所。服装は、モーニングコートなど一等礼装です。そして正式に参拝をされます。

つまり伊勢神宮は、国家レベルでの願いをするところ。人の上に立つ人が、託された役割をまっとうできるための力を授かる神聖な場といってもいいでしょう。武力で相手を圧倒するための力ではなく、主に「徳」をもって世の中を治めていく力です。

ですから私たちもお参りするときには、個人の願いから少し離れて、「自分の果たすべき使命」や「国や社会、世界に対して何ができるか」を考えて、これから自分が何をするかを宣誓《せんせい》するような心づもりでお参りしてみましょう。

そう考えてお参りすることで、神様があなたに味方し、見守ってくれます。それだけでなく、個人や自社の利益だけを考えているときよりも、一回りも二回りも器の大きな人になれます。

人の器は、自分だけの幸せを考えているときよりも、自分以外の誰かのためにと考えるほうが大きくなります。まずは家族のため、次に社会のために、さらに国のためにと考える幅が大きくなるほどに器も大きく広がります。

すでに一定の成功を収めた方が、さらに超一流の成功者になる分岐点は、「自分のため」から、「世の中のため」に本気で切り替えられるかどうかにかかっています。京セラの稲盛和夫氏が、第二電電の立ち上げの際に「動機、善なりや。私心なかりしや」と繰り返しご自身に問われていました。

世の中のためにと本気で取り組むことができたのが、第二電電をはじめとする稲盛氏の成功の大きな要因ではないかと拝察できるかと思います。

仕事や行動範囲が全国規模の方ほど伊勢参り

また、「伊勢神宮は、日本人の総氏神様」ともいわれています。

現代は、伊勢神宮が、日本人の総氏神様であることに、大変な意味があります。

現代はネットの力や交通網の充実で、お仕事や行動範囲などが全国規模になっています。だから広げた仕事の範囲に応じて、本当は数多くの神様とのつながりが必要になるわけです。しかし、会社の場合は、本社だけでなく、支店、支社、工場など何

カ所にも拠点が分れる場合がありますよね。たとえば、

○チェーン展開をしていて、店舗数がすごく多い

○支社、工場が全国にいくつもある

支店の数だけ氏神様にお参りしたら三十カ所も、中には一〇〇カ所回っても終わらない、という会社もあります。

その場合、ほかの方以上に年一度、あるいは二度の伊勢参拝が大切になります。

なぜなら伊勢神宮は、日本人の総氏神といわれ日本全体を網羅できるからです。

全国津々浦々に支店や支社が広がり繁栄の輪を広げると同時に、経営者としての徳も育てることができるのです。

ならば「伊勢神宮にお参りすれば、氏神様へのお参りはいらないのでは？」と思われるかもしれません。次のたとえは、神様に大変失礼になると思いますが、わかりやすいたとえとしてご容赦ください。

国に何かのお願い、陳情などに行くときのことを考えてください。

たとえば、総理大臣に直接会ってお願いすることと、県知事、あるいは町長に会ってお願いすることでは、内容が違いますよね。総理大臣にお願いするときは、国家レベルの話、日本全体に影響するような話だったりします。まさかわが家の新築に立ち会ってくださいとは頼まないですよね。

それと同様に、伊勢神宮と地元の氏神神社ではお願いや参拝の内容が異なります。大としての日本全体である伊勢神宮と、小として自分の地元の氏神様の両方を大事にしていきましょう。

神習慣

6

神様とのご縁をつくる

神社に行き、神様にご挨拶やお願いをしたことがありますか。

神様にお願いすることはたくさんあります。たとえば学生時代には、受験の合格祈願、独身のときには良縁祈願、子どもを授かれば安産祈願、毎年の家内安全や交通安全、ビジネスでは商売繁盛、選挙の当選祈願など、きっとたくさんお参りをされているかと思います。


しかし、お願いするよりも先にやるべきことがあります。

それが**地元の神様への挨拶参り**です。

転勤や引っ越しなどで新しい土地に移ったときには、ご近所回りと同時に神参りをしましょう。どんな土地でも、引っ越した直後には、なんとなくよそ者感がありますすよね。数日、時に数カ月たっても地域に馴染んだ感じがしないというのもよくあること。

引っ越しのあと、ご近所に手土産などを持参して挨拶回りをするのと同じように、その土地の神様にもご挨拶をしてから、新しい土地での生活を始められると良いです。

「今度、この地に引っ越してきました○○と申します。
どうぞよろしくお願いいたします」

引っ越しの挨拶を、近所の方や取引先の人だけでなく、神様（氏神様）にも行いましょう。お子さんも、転校した学校などに早くなじめるなどの効果も期待できます。まずは、あなたが生活する土地の神様にご挨拶をして、ご縁をつくりましょう。

神様への感謝と恩返し

では、神様に「感謝とお礼のお参り」はされていますか？

これに「はい」と答えられる人も多くないかもしれません。

神習慣ゼロの「神の意に叶う思考の転換をする」は、ここにも活かされます。ご縁ができ、神様に何かをお願いしたら、後日感謝を伝える。

多くの人が神様にお願いをするばかりで、神様にお礼をしていなければ、神様とのご縁はなかなか実を結びません。お願いをしてそれが成就したにしろ、成就していないにしろ、力を貸してくださったわけですから、感謝とお礼を述べるのはとても大切です。

神への感謝とお礼の習慣は、神様とのご縁を良い形で維持していくのに欠かせない大切なことです。では、さらに次の段階ではどうしたらいいでしょうか。

それは神様への「恩返し」です。

詳しくは一五六ページの神習慣23でお伝えしますが、たとえば神社の建て替えやお祭りに寄付をしたり、お祭りのお手伝いなどをする。お掃除をして、明るく清々しい神社にして行くなどです。何年も埃《ほこり》が積もっている神社を放置したままだと、神社が寂《さび》れるだけでなく、周辺の町も寂れたり、住んでいる人の心が荒れたりといったことが実際にあります。

「氏神様の活気」と「地元の活気や治安」は連動します。だから、地元に住んでいる人としては、今後取り組んでいきたいところです。町内会でお掃除や、お宮奉仕として、神社のお掃除に取り組んでいる団体もあります。

中には「こんなに汚れた境内では、神様に失礼だ。なんとかきれいにしたい」という思いで、おひとりで週二回、境内の掃除を続けた方がいらっしゃいます。

掃除を始めて三カ月くらい経ったときのことです。その日の掃除が終わり、帰ろうとした直後、腰に激痛がきて立てなくなったそうです。しばらく脂汗を流しながら、じっとうずくまり、ようやく立ち上がったときに、びっくり。何年も曲がっていた腰がまっすぐに伸びていたというのです。

神様に対しては、「神様、○○を与えてください」と思うよりも「ありがとうございます。（お掃除を）させていただきます」と思って実行した人のほうが、驚くような奇跡が得られることがあるのです。

神習慣

7

初詣には三回行く

運を味方につけるなら、初詣は三回行きなさい

あなたは、毎年の初詣、どちらに行かれていますか？

縁起が良いという神社をいくつも回る方、初詣の参詣《さんけい》者日本一といわれる明治神宮や、川崎大師、成田山などに行かれる方。そして求める縁起物もたいてい決まっていて、毎年の定番が決まっていることでしょう。

運を味方につけるとても大切な神習慣が「初詣には三回行く」というものです。

三回のお参りは、次の三つ。それぞれ意味があります。

○家の氏神神社で、家内安全「家族の幸せ」を祈る
○会社の氏神神社で、「社内の和と安全」と「ビジネスの成功」を祈る
○伊勢神宮で、日本人の魂を蘇らせると同時に「国家の繁栄」を祈る

「初詣に三回も行くの？」と思ったかもしれませんし、「三回行けばいいのだな、簡単だ」と思われた方もいるかもしれません。

でも**大事なのは「場所と順番」**です。

まずは、三が日。最初は、家の氏神神社に行きましょう。

三が日は、家の氏神神社にお参りしてください。そして、ご自分と家族の健康と幸せを祈ります。先にもお話ししたように、氏神神社は、氏神様のエリア内に住んでいる人を守り、願いを聞いてくれる神様です。

人の願いはたくさんあります。「家内安全」「商売繁盛」「学業成就」「良縁祈願」……など。三が日の氏神神社への初詣は、主に「家内安全」としてお参りしてください。

三が日の初詣のときに次のようなご挨拶を提案いたします。

「明けましておめでとうございます。どうか今年も一年、自分と大切な宝である家族が、健康で幸せに過ごせますように」

このようにご挨拶をしましょう。毎年言い続けてください。言霊《ことだま》の力で、あなたにとってご家族はまさに「大切な宝」になっていくことでしょう。

実際に「子どもたちは私にとって宝です」と言い続けて子どもを育てた方は、今、素晴らしい宝に成長したお子さん、そしてお孫さんに囲まれています。

三が日の初詣は、日ごろ社長、部長、課長、リーダーと役職で呼ばれる人であっても、一家の長「家長」として、ぜひご家族皆の幸せを祈りたいものです。

現在「家長」という言葉は死語のようになっていますが、昔は一家の長を「家長」と呼び、家族は家長に守られ、家長を中心に暮らしていました。お正月は、そんな日本の伝統を呼び起こすことができる時期でもあります。

もし、今、おひとりでお住まいの方は「健康で」「物心共に豊かな一年になりますように」と祈ってください。家族の人数は関係ありません。今、おひとりで暮らしていても、あなたはあなたの家長です。家を守ることを堂々と神に祈願してください。氏神様は、その家を守ってくださいます。

「二回目の初詣」は初出勤の日に会社の氏神神社へ

仕事始めの日には、会社の氏神神社に初詣に行きましょう。その際は、会社の繁栄と皆の健康と幸せ、仕事の成果を祈ると良いかと思います。

現在は、仕事の初めの日は、そのまま業務に入ることが多いかもしれません。あるいはテレワークで、仕事始めの日にも、互いに顔を合わせられない場合も多いですね。その場合は、会社を代表して社長がお参りしてください。

「折り目正しく」という言葉があるように、日本人は物事の始まり、締めくくりを大事にしてきました。

ですから「今日から仕事を始めます。今年一年、皆が健康で、幸せに、そして良い仕事ができますように」と挨拶をしてから、業務を開始していきましょう。

「三回目の初詣」は伊勢神宮へ

三回目の初詣は、伊勢神宮です。

伊勢神宮で、日本人の魂を蘇らせると同時に「国家の繁栄」を祈ります。

「国家のために」というと「なんだか正月早々、大げさだ」と思われそうです。

新しい年の始まりだからこそ、日頃のビジネスの駆け引きや損得から少し離れて、大局からものを見る目、つまり澄んだ心と目で一年を始めることが大事なのです。

「国家」の中には、友人や、お客様、取引先なども当然含まれます。

わが家、わが社だけの幸せを望むだけでは、本当の意味の繁栄にはつながりません。人の幸せを願ってビジネスに取り組む、というのが商売の原点のはずです。よりスケールの大きな未来のためにも、視野を広げて一年を出発させたいものですね。

私とご一緒に伊勢神宮にお参りした社長さんは、

「国のためにと思ったときに、その年一年がより大きな飛躍につながりました」
「伊勢神宮のお参りは、一年の始まりに欠かせない行事です」
「視野が広がること請け合いです」

とおっしゃっています。

経営者、リーダーなど責任ある立場の方で、伊勢神宮に毎年のようにお参りしている人は、一回り大きな視野を手にして、人の上に立つ器を磨いています。そしてより大きなビジネスや人生の成功をつかんでいます。

ですから、伊勢神宮にお参りしたときは、個人の願いから少しだけ離れて、公的なお願いをしてください。そして日本人の魂を蘇らせるためにお参りします。

なお伊勢神宮は、一月四日の初出勤の日に、総理大臣が毎年お参りされています。

一月が難しい方は二月に参拝しに行きましょう。一月は、新年の賀詞交換会や諸々の行事で、何かと慌ただしいですよね。旧暦で、お正月を迎える方は、二月四日頃の立春を過ぎてからお参りされるのがおすすめです。

神習慣

8

神様には声に出して言う

ここまで、黄金の三角形についてお伝えしてきましたが、神様に対してお願いや挨拶、お礼を伝える際の大事なポイントがあります。

それが**「声に出して言う」**ということです。

日本は「言霊《ことだま》の幸《さき》わう国」といわれています。「言霊が幸福をもたらす国」という意味で、昔から言葉をとても大切にしてきた国です。

良い言葉を使えば良いことが起こり、悪い言葉を使えば悪いことが起きてしまいます。神様へのご挨拶やお願いも、この「念と言霊」を通して行われるので、神様が喜ぶ言葉の習慣を身につけましょう。

神様に対しては感謝から入り、次にお願いの言葉を述べましょう。その際、最も大事なのは「感謝とお願いを声に出す」こと。神様へのお礼やお願いは、「心の中で言う」という人が多いのですが、ぜひ声に出して言ってください。

実際に声を出すことで、その願いに言霊の力が働きます。だからこそ、神社での正式参拝やご祈祷はただ心の中で祈りを捧げるだけでなく、「祝詞《のりと》」にして願いを言葉にするのです。

言霊の力は、神様だけでなく、私たち自身にも働きます。つまり言葉に出して言うことで、より神様が動いてくださり、より前に向いて動くことができるのです。

神様に願いを出しても、「そうはいってもできるかな?」「本当に叶うかな?」と不安に思うかもしれません。しかし、それでは神様に失礼にあたります。

神様の前で言葉に出すことは、「できる!」「叶う!」と自分に言い聞かせることにもつながります。

自分自身が成功を信じられ、半信半疑で進むとき以上の効果があるはずです。声にする、言葉にする。言霊の力は、考える以上に大きいのです。

人が少ない早朝にお参りすると、周りの目も気にならずに、小さい声であっても言葉に出して言うことに慣れてきます。

第3章

氏神様と崇敬神社につながる神習慣

神習慣

9

氏神様への朔日参《ついたちまい》りをする

そもそも、「氏神様」とはどんな神様でしょうか。

前章でも軽く触れましたが、氏神様は、住まいや会社の近くにある神社です。

氏神様は、その土地に住んでいる人を守り、その土地の人の願いを叶えてくれる神様です。あなたの住まいの近くにある、最も身近な神社になります。

「近いからいつでもお参りできる」と思っていると、ついつい先延ばしにしてしまいがちですよね。

成果につながる最高の神参りのコツは、「神参りを習慣にする」ことです。良い習慣は、運を上げる力があります。

氏神様へのお参りは、**朔日参《ついたちまい》りがおすすめ**です。

「月が変わった最初の日（毎月一日）には氏神様にお参りする」と決めておくと習慣として定着します。実際に、朔日参りをしている方の中には、お仕事などでも順調な方が多いです。新しい月の初めに氏神様にお参りすることで、運を高めていきましょう。月初めに、気持ちも引き締まります。

お参りするときのご挨拶は次のようにしてください。

「神様、新たな月も（健康で良い仕事ができますよう）（家族皆が健康で幸せに過ごせますよう）どうぞよろしくお願いいたします」

より丁寧にしたい場合は、感謝から入りましょう。

「神様、先月も数々のお手配の元に過ごさせていただきありがとうございました。新たな月も、どうぞよろしくお願いいたします」

氏神様（氏神神社）は、産土様《うぶすな》（産土神社）や鎮守様と呼ばれることもあります。

それぞれの呼び名には、それぞれの意味があるのですが、現在は、土地の神様のことを氏神様と呼ぶ人のほうが多いようです。氏子、氏子総代などの呼び名もあり、神社本庁のサイトでも、氏神様（または産土様）という表記をしています。

この本では、住んでいる土地を守る神様を「氏神様」の呼び方で統一いたします。

なぜ氏神様が大事なのか？

「氏神様を大事にすることで、不思議なくらい、ご本人、ご家族の運気が上がる」

「氏神様を大事にしている人は、土地の神様の守りがより強いのではないか」


私が今までに数多くのご相談をお受けしている中で感じていることです。実際、

「氏神様への朔日参りを始めてから、家族との関係が良好になった」

「災害のときに奇跡的に助かった」

という方々がたくさんいらっしゃいます。

氏神様は、ご家族の幸せにも深い関係があります。

氏神様にお願いするのは、お子さんが生まれたときの初宮参り、お子さんの成長の過程の七五三、厄年のお祓いなどが多いでしょう。家を新築したときの地鎮祭や、お祓い。車を購入したときのお祓いなど。どれも家族にとって大事なときのはずです。


また氏神様に活気があると、住んでいる土地全体の気が上がります。

伊勢神宮の神主様からも、「氏神様にお参りすると、その土地の人が神様に対してどんな気持ちを持っているか、手に取るようにわかります」と言われました。

町全体が温かい感じだったり、殺伐とした感じだったりするそうです。殺伐としているところは、温かい感じの土地に比べてケンカや事故などの可能性がやはり高くなるでしょう。

氏神様は、あなたの住まいの近くで、その土地と人を守り、願いを叶えてくれます。

氏神神社はあまり大きくはないので、つい有名な神社や俗にいう「ご利益が高い」といわれる神社にお参りしたくなる方が多いようです。

もちろん有名な神社にお参りしていいのですが、まずはあなたが生活している地域、あなたを見守ってくださっている氏神様を大切にすることを心がけてください。

氏神様にお参りするときの注意点

氏神様は、地域の守り神様としてとても大切です。

しかしながら、氏神様にお参りするときには注意点があります。

それは暗く空気がよどんでいて、ゾクッとする感じがあった場合です。氏神様は地域の守り神なのですが、古くからあるもののほとんどひとけのない神社もあるかもしれません。神主様が常駐しておられず、何年も落ち葉や埃《ほこり》が積もっているようなところは、初めてお参りする場合は避けたほうが無難です。

最近はスピリチュアルブームで、パワースポット巡りなども当たり前に行われるようになりました。有名神社がメディアで取り上げられすぎたためか、「秘境」といわれるような誰も知らない神社を巡ろうとする人もいます。

しかし、何年も人が入っていない埃まみれの薄暗い神社は、もう神様がいない状態になっている可能性が高いです。

もしもお住まいの地域の氏神神社に行ったとき、ゾクッとするような感じがあったら、一回り大きな「一宮《いちぐう》」と呼ばれる神社にお参りしてください。

また、神主様がご不在でも、地元の人が交代でお掃除などをして、境内が明るく、清々しい空気のところは大丈夫です。

▼氏神様の調べ方

氏神様（産土神社）は、次の方法で調べることができます。

まず神社本庁のサイトの中にある「各県の神社庁一覧」、該当の都道府県の神社庁に電話をして尋ねてください。次の通り話せば、自分の知りたい地域の氏神様を教えてくれます。

あなた「氏神様を教えていただきたいのですが……」
神社庁「では、お住まいの住所を教えてください」
あなた「住所は○○です」
神社庁「○○神社です」

ただ再開発や、神社の統廃合などで、わからなくなっている地域もあります。その場合は「土地に昔から住んでいる方に尋ねる」「近くの神社を直接訪ね、住所を伝えて、氏子かどうか尋ねる」という方法で調べてみてください。

▼一宮について

一宮とは、旧国（都道府県規模の昔の地域区分）の地域内で、最も格式の高い神社のことです。かつて国司として赴任された方は、まず一番にお参りに行かれたのが「一宮」です。地域によっては、一宮が複数あるところもあります。

一宮は、氏神様よりも一回り大きい範囲を管轄していると捉えておくとわかりやすいです。お仕事の性質と規模にもよりますが、お仕事の場合は、氏神様と合わせて一宮（県単位くらい）にお参りしておくと良いでしょう。関東でいえば、

○常陸国一宮　鹿島神宮（茨城県）
○下総の国一宮　香取神宮（千葉県）
○武蔵国一宮　氷川神社／小野神社（埼玉県）
○相模国一宮　鶴ヶ丘八幡宮／寒川神社（神奈川県）

などが有名です。

詳しくは、インターネットで、「一宮一覧」などで検索すると出てきます。また、ご自身がお住まいの一宮も知っておくと良いです。普段、あまり神社にお参りに行かない方も氏神様や一宮に、お参りされることをおすすめします。

神習慣

10

自分と縁の深い神社「崇敬神社」を探す

「縁を深める神社」と「挨拶に立ち寄る神社」は区別する

第二章では、神様につながる基本としてまず押さえておきたい「黄金の三角形」をお伝えしました。伊勢神宮と氏神様、そして崇敬神社です。

伊勢神宮と氏神様は、日本人であればどなたも大切にしたい大事な神社です。

では、ここからあなた個人として、あなたの会社として特別につながる神社についてのお話をいたします。

この特別に縁を持ち大切にする神社を崇敬神社といいます。

一流といわれる方たちの神様との接し方を拝見していて、感じることがあります。それはご自身が深く縁を持つ神社と、何かの折に立ち寄る神社をはっきり区別しておられる方が多いということです。

深く縁を持つ神社とは、毎年でもお参りする神社、自宅あるいは会社の神棚にお迎えするほど縁の深い神社です。

崇敬神社の選び方

「選び方」と書きましたが、それについては特にルールはありません。

ご自身でご縁を感じる神社を選びましょう。とはいえ、地図上で「えいや！」と選ぶのではなく、色々な神社に赴き、お祀りしている神様のお名前、歴史、何の神様なのか、どういうご利益があるとされているのか……を調べたりして、慎重に選びましょう。

もしあなたがこれから崇敬神社をどこに決めようかとお考えであれば、ヒントとして次のような基準で探していただく方法もあります。

▼お仕事に縁のある神社にする

たとえば酒造メーカーでしたら、京都の松尾大社、奈良の大神神社などです。教育関係のお仕事なら、知恵の神様、学問の神様など。

このようにはっきりしている場合はいいのですが、現在は世の中の仕組みが複雑になっているために、お仕事に関係する崇敬神社をひとつに絞ることは、案外難しいかもしれません。

たとえば、ＩＴ関連の仕事などのように、神代の時代になかった職業や、総合商社のようにすべてを網羅しているなどの場合は、迷うかもしれませんが、なるべく仕事の力になってくれそうな神社を選ぶと良いでしょう。

▼ご出身地の神社を崇敬神社にする

ご自身の出身地の神社を崇敬神社に選ぶ方もいらっしゃいます。ご出身地の神社やふるさとから離れていても、神様を通じて故郷につながれます。

▼ご自身の胸に響く神社にする

ご縁のある神様のところに行くと、大変に心が落ち着くといわれます。中には自然に涙が出てくる、胸の奥に響くなど、人それぞれに感じ方が違いますが、特別な何かを感じられるようです。このような出合いを得られた方は、大変に幸運です。崇敬神社との特別なご縁を得ることができたからです。でも得られないからといって心配しないでください。

神縁は、崇敬神社だけではなく、黄金の三角形のすべてがそうだからです。

○日本の総氏神様である伊勢神宮は、日本人にとっての大切なご縁
○地元の氏神様との縁は、住んでいる土地との大切なご縁

神縁を大切にする人には、良い縁や運は巡ってくるはずです。

崇敬神社は複数あってもかまいませんが、一番大切にしたい崇敬神社の御札《おふだ》は神棚にぜひ並べていただきたいので、ひとつに絞るほうが良いです。

というのも、神棚に複数の神様の御札が大量に並んでいるのはあまり良いことではないと私は考えているからです。

神様には序列や役割、相性などもあります。神様の世界にも人間関係（神様関係）があり、過去に戦った神様同士もいらっしゃいます。また、仲があまり良くなかった神様もいらっしゃいます。案外、神様も大変なのです（笑）。

一例として、ご姉妹の神様、木花咲耶比売《このはなさくやひめ》とお姉様の岩長比売《いわながひめ》など。理由は、姉妹を一緒に瓊瓊杵尊《ににぎのみこと》様に嫁がせたが、美しい木花咲耶比売だけを妻として受け入れて、お姉様を送り返したため、姉妹の仲はあまり良くないといわれています。

また、神棚は、常にきれいにしておくのが、神様に対しての礼儀ですが、御札の数が多いと、毎年の御札の取り替えが滞ったり、お掃除が行き届かなくなったりします。

神棚が乱雑にならないためにも、本当に大事にしたい崇敬神社は慎重に選びましょう。

もちろん、大事な崇敬神社を決めたからといって、それ以外のところに行ってはいけないということはありません。神様同士の関係性はもちろんあります。色々な神様のところに行っても問題はないので、安心してください。

企業とご縁の深い神社

崇敬神社を選ぶヒントとして、成功した方や会社の崇敬神社をほんのごく一部ですが、ご紹介いたします。

▼神田神社　江戸の総鎮守

神田神社に通った成功者で有名な方は、三菱財閥の礎を築いた岩崎弥太郎氏、三井財閥の中興の祖といわれる三野村利左衛門氏です。神田神社は、商売繁盛の神社ということで、多くの実業家の崇敬を集めました。今も仕事始めには、多くのビジネスマンが参拝しています。

▼土佐稲荷神社（大阪）　三菱グループの守り神

土佐稲荷神社の神紋には、三菱のスリーダイヤが使われています。三菱グループを構成する企業の多くが神社の玉垣などを奉納するなど関係が深いそうです。（参照『仕事の神様大事典』宝島社）

▼三輪神社　株式会社小松ストアー

銀座コマツで有名な株式会社小松ストアーの代表取締役社長小坂敬氏が、全国の神社をお参りして行き着いた神社が三輪神社。神奈備山《かんなびやま》といわれる三輪山にも登頂され、神気の素晴らしさを感じて、お祀りされたと伺っています。毎年十一月の例祭には、奈良の大神神社《おおみわじんじゃ》より神主様を招き正式な式典をしておられます。

企業内神社は、社外の人は立ち入れないことが多いのですが、こちらの三輪神社は銀座コマツの屋上にあり、どなたでも参拝することができます。

▼石清水八幡　日本屈指の厄除けの神社

石清水八幡宮は、伊勢神宮に次ぐ第二の宗廟《そうびょう》といわれ、日本屈指の厄除けの神社ともいわれます。ですから、ここ一番という勝負をかけるときに訪れる経営者が数多くいらっしゃいます。

いかがでしょうか。

ほかにも、元首相の吉田茂氏や西武鉄道の創始者・堤康次郎氏が崇敬したことで知られる箱根神社、元首相の小泉純一郎氏が家族ぐるみで参拝する走水《はしりみず》神社など、色々あります。

先にも述べた通り、「崇敬神社はここが良い」という決まりはありません。

あなたが縁のある神社、気に入っている神社があれば、それでいいのです。ぜひご自身、もしくは会社に合った崇敬神社を見つけてみてくださいね。

神習慣

11

十二月に「感謝の神参り」をする

十二月に感謝のお参りに行くことで、来年の福が大きく変わる

新年の準備は、十二月から始まっています。初詣は三回お参りするよう前述しましたが、それに加えて十二月の年末にも「今年も一年、ありがとうございました」と、一年のお礼のお参りに行くことをおすすめします。

新年には、初詣で一年の健康と幸せをお祈りしたわけですから、「お願い」と「お礼・感謝」は対でありセットで考えるべきものです。

お願いだけして、叶っても叶わなくても知らんふりでは、神様に失礼にあたります。

人の世界に当てはめて考えてみましょう。たとえば成功した経営者の方にお聞きすると人から相談をされたり、願い事をされたりがとても多いそうです。

ですがお願いだけされて、その後の報告もなければ、お礼の一言もない。そんなことがあれば、今後のつながりが続かないことは理解できるはずです。

一方で、「この一年ありがとうございました。〇〇さんのおかげです」とわざわざお礼を言いに来る方がいたら、次に何か相談をされたとしても、「そうか、言ってごらん」と今まで以上に快く受けてくださるのではないでしょうか。

上に立つ方は、もともと人のために何かをしてあげたいというお気持ちを持っていらっしゃいます。だから成功されたといっても過言ではありません。

これは神様も同じです。神様に願い出る人は、初詣だけでも大変な数です。でも、その中でお礼のお参りをする人は、ものすごく少ないはずです。神様への感謝とお礼が習慣になっている方は、人に対しても同じように感謝できます。

人脈づくりは、まず感謝から。必ず、「お願い」と「お礼・感謝」はセットで考えましょう。

神習慣

12 「お賽銭」と「お初穂」で感謝を表す

お賽銭の「賽」は、もともと神様へのお礼を意味します。

ですから「賽銭」とは、願いが叶ったとき、日々の平穏を感謝するとき、神様に感謝を捧げる金銭のことを表しています。

お賽銭の形態は、古くは神前にまく「散米《さんまい》」や洗ったお米を紙に包んで供える「おひねり」でした。この「散米」が、貨幣の流通に従って「散銭《さんせん》」になり、いつしか「賽銭」になっていったようです。お賽銭は、神様へのお願いやお礼の際のまごころの表現といわれます（参照『神道のいろは』）。

まず**お賽銭は、神様とのご縁と日々の平穏を感謝する気持ちで入れること**。

そして、大切な願いが叶ったときや感謝の気持ちを表したいときには、お賽銭とは別に「お初穂」という形でお包みして、神社にお出ししましょう。

なぜなら現在の貨幣価値で、お賽銭の金額が神様への大事なお願いや願いが叶ったときの感謝の「まごころ」の表現になり得るのだろうかと感じるからです。

あなたなら人に何かして差し上げたときに、五円や十円、五百円のお礼をされて、相手の「まごころ」を感じるでしょうか。またご自分が人に何かを差し出したりするときに、自分の「まごころ」が添えられるでしょうか。

といっても、そのときの経済状態や、毎日お参りするか年に一度の場合など、回数によっても異なるでしょう。ですから、神様へのお礼金は、金額ではなく、そのときに自分ができる最善をとされるのが、神様に対する「まごころ」になるはずです。

お賽銭は、神の前に立つ心を整える意味もある

お賽銭を入れるのは、神様にご挨拶をする直前です。

では、そのタイミングで、お参りする私たちにとって、何が一番必要でしょうか。

それは「真摯な心」「磨いた鏡のような心」になっていること。

湖でも、磨いた鏡のように静かな湖面には、周囲の木々や山々がきれいに映し出されます。反対に湖面が波立っているときには、まわりの景色はきれいに映らないですよね。

同じように心がザワザワと波立ったような状態では、仮に神様が何かを指し示してくださったとしても、何も心に映し出すことはできないでしょう。おそらく感じ取ることができません。

「明鏡止水」という言葉がありますが、神様の前には、凪いだ湖面、磨いた鏡のような落ち着いた気持ちで立つことが大切なのではないかと考えています。

ですから私はご一緒にお参りする方に、お賽銭を入れるときには、「今日お参りさせていただいた感謝」と共に、「心の迷いを吹っ切る」気持ちでお賽銭を入れてくださいと、そして心静かに神様の前に立ってくださいとお伝えしています。

神様の前に立つときには、磨かれた鏡のような心で立つ。

あなたの心に、これから必要なことが映し出されるかもしれません。

第4章

神様といつもつながる「神棚」の神習慣

神習慣

13

神様とつながる「神棚」をつくる

神様の恩恵をいつも受け取る方法

第二章で、「伊勢神宮には年に一度お参りしましょう」とお伝えしました。たしかに、経営者は年に一度、できれば二度ほど伊勢神宮にお参りするのが理想です。

しかし会社が大変なとき、起業直後、あるいは会社勤めのときには、毎年伊勢神宮にお参りすることが困難な場合も多いかと思います。

そういう意味でも、神棚には「黄金の三角形」である伊勢神宮と氏神様と崇敬神社の御札《おふだ》をお祀りすると良いでしょう。

この形は神社本庁でいわれている御札の基本的な祀り方です。

ですので神棚に毎日手を合わせれば、毎日ご挨拶することができるのです。

こういうと逆に、次のように考える方もいるかもしれません。

「神社に週に一回、お参りに行っているから神棚は必要ないんじゃない？」

「神棚に毎日手を合わせているから、神社には行かなくてもいいのでは？」

そこで、考え方のひとつとして、神社と神棚の違いをイメージでお伝えします。


神社でのお参りは「直接面会」。

神棚でのご挨拶は「電話連絡」。


ふるさとから遠く離れて暮らしている方は、ご実家を訪れることが、年に一、二回だったり、あるいは何年かに一度となったりすることもあるでしょう。

でも電話なら、毎日でも親の声を聞くことも、親に自分の声を聞かせてあげることもできます。その上で直接顔を合わせれば、より良い親孝行ができるでしょう。

それと同じように伊勢神宮に毎日参拝できなくても、神棚があれば毎日、伊勢神宮への御札にご挨拶をすることができます。

神棚と神社は、電話連絡と直接の面会のイメージと言いました。毎日神棚でご挨拶をし、伊勢神宮にお参りして、直接神様の神気に触れてください。格別の気づきが得られるはずです。

会社が栄える神棚の習慣

「神棚のある会社は栄える」といわれます。たしかにその通りです。では「神棚さえあれば、栄えるのか?」というと、そうではありません。

埃《ほこり》まみれになっている神棚。

お榊《さかき》の水がカラカラに枯れている神棚。

何日も水を取り替えず、臭いにおいがする神棚。

社内でも暗い、空気がよどんだ物置のような場所に設置されている神棚。

これでは神棚があっても「神棚がある会社は栄える」とは、なりにくいです。

なぜなら神様は、「清明正直《せいめいせいちょく》」といって、「清らかで、明るいところに宿られる」からです。汚《よご》れ・穢《けが》れのあるところからは、神は黙って去ってしまう可能性があります。

理想的な神棚は、お榊が青々、生き生きとし、前に立つと心が清々しくなり、柏手を打つと迷いが吹っ切れるような神棚です。

お祀りしている人の心を整え、心のよりどころとなる。そんな神棚にしてください。


具体的にはどうすればいいのでしょうか。

それは、毎日欠かさずに手入れをすること。そして、毎日手を合わせることです。

毎朝、神棚のお水を取り替え、かしわ手を打って挨拶をしましょう。その際のコツは、心の中で言葉を唱えるのではなく、しっかり言葉を口に出して言うこと。

毎日言葉に出して、挨拶と感謝を述べていることで、知らず知らずのうちに自分の心が整っていきます。これは「言霊《ことだま》の力」といって言葉に出して言うことで、目に見えない神に通じる力が働くからです。

神様へのお願いだけでなく、挨拶や感謝は毎日はっきりと声として発しましょう。もちろん、神様に向かって、言葉に出してお礼や願いを言うのは、ほとんどの方が不慣れなはずです。

神社などたくさんの人がいるところでは、人に聞かれたら恥ずかしいと思うような願いだってあります。神棚でならば、ほかの人に聞かれず、自分ひとりで言葉に出してお礼やお願いを言い、習慣化することができます。

毎日続けるとなると、面倒くさいと感じる日もあるでしょう。忙しくて忘れてしまうよという人もいるかも知れません。

しかし、これを日々続けることは、想像以上の福を得るもととなります。これを続けられる人と続けずにやらないで忘れてしまう人とでは、大きな成果を手に入れられるチャンスが分かれる可能性があるのです。

なお、水は毎日取り替えましょう。そして、お米、塩、お酒、お榊は一日（十五日）には必ず取り替えるのがおすすめです。

また、神棚にお供えするお酒は、自分が飲んでいるお酒より、良いお酒をお供えすると良いでしょう。

毎日の神棚の習慣

これは、私が毎朝事務所に着くと一番にしていることです。

手を洗い、鏡で自分の姿を確認してから、(身だしなみを整えて)神棚の水(水器とお榊の水)の取り替えをします。そして心静かに神棚の前に立ち、かしわ手を打ちます。

そして、挨拶の言葉は、

「天照大御神様《あまてらすおおみかみ》、氏神様、おはようございます。

日々のご守護、まことにありがとうございます。

(＊今日の予定などの報告とお願い)

今後ともどうぞよろしくお願いいたします」

私は、ご挨拶の中で、今日の予定、たとえばコンサルティングなどでお会いする方のお名前や、ぜひ今日成し遂げたいことなどを述べます。

ビジネスでも、ホウレンソウ（報告、連絡、相談）が大事といわれますよね。上司に黙って事を進めて、取り返しがつかなくなってから報告したとき「なんでもっと早く言わなかったんだ！」と叱られることがあるでしょう。

それは神様に対しても同じではないかと思うのです。

ただ神様に対して、日々の挨拶や報告が習慣になっていないだけです。習慣化されると、「こんなにスムーズに事が進むのか」と感動したり、うまくいかなかったときには、「自分の準備が足りなかったのだ」あるいは「自分の考え方が間違っていたからなのだ」と気づいたりすることができます。

人から間違いを指摘され「ムッ」とすることがあっても、神様の前で自分が願いを述べ、自分で気づいたときは、素直に受け止めることができます。

今日も一日が始まる。朝、一番にする仕事の前の大事な儀式です。

もし心に迷いのあるときや、落ち着かない気持ちのときでも、かしわ手を打った瞬間にピーンとした張り詰めた気持ちに切り替わります。

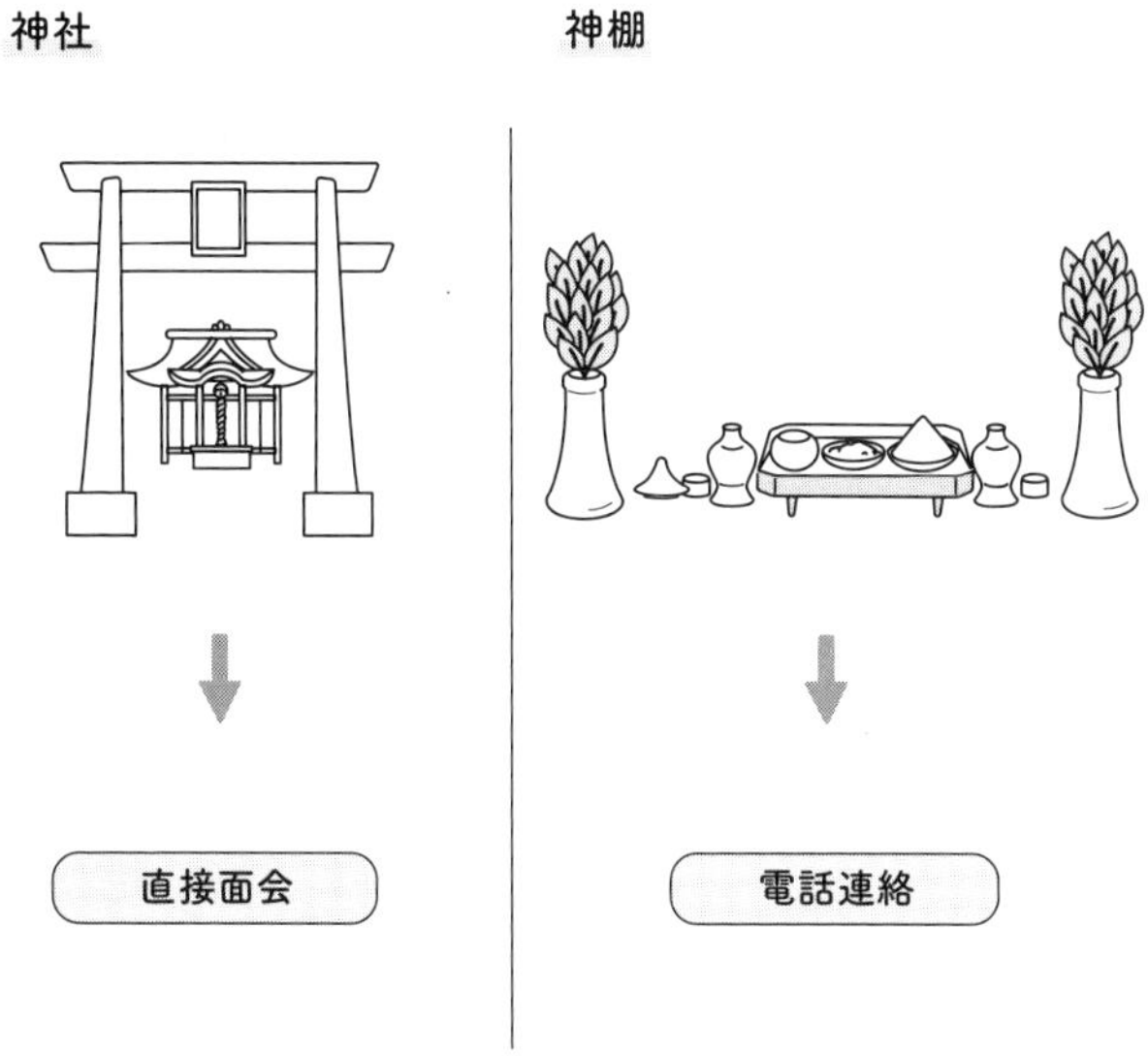

栄える神棚の習慣

①毎朝水を取り替え、きれいに保つ
②毎朝かしわ手を打つ
③毎日挨拶を感謝を声に出して言う

神習慣

14

遠出するときには必ず神棚に手を合わせる

神棚でのお願いについてです。

家では、家族の旅行や子どもの遠足。会社では、出張や研修・講演など、移動することは多々ありますよね。近場の移動であればともかく、県外への移動などでは、神棚にご挨拶とお願いをしましょう。

旅の準備で忙しく、神棚にすら手を合わせてないという人も少なくないのではありませんか?

旅行の行き先や日程を、神棚の下の台にお供えしましょう。

安全で楽しい旅、出張ならば、安全で実りある出張となるよう、次のように感じでお願いしてみましょう。あくまで例文ではありますが、参考にしてみてください。

「今日から、二泊三日の予定で九州に出かけます。道中並びに留守共々に、どうぞよろしくお願いいたします」

この際、もし時間があれば、共に旅行や出張する人の名簿も神棚に供えるとより効果的です。

私も年何回かの神社参拝や年に二回の伊勢参拝研修のときには、日程や参加される方の名簿を神棚に供え、次のようにお願いしています。

「今回、○日から○日までの参拝研修に参加される方の名簿です。参加される方たちが、神様と良きご縁を授かり、人生の大きな力を得られますようよろしくお願いいたします」

ご家族の旅行や社員旅行などにも、日程表を出して安全で楽しい旅を願うと良いでしょう。

神習慣

15

いただきもの、大切なものは一度神棚に供える

お中元やお歳暮といったものに限らず、会社に手土産を持ってきてくれる人はたくさんいらっしゃると思います。

お客様からものをいただいたときには、まず神棚にお供えしましょう。お供えするときに「○○さんからいただきました」と言葉を添えて。そのあとで、お下げして、お持ちくださった方や皆さんとご一緒にいただきます。神様にお供えすることで、神様の恵みが入ります。

神様の恵みが入ることを一番実感するのは、お酒です。お供えした日本酒は、大変にまろやかな味になり、まさに「お神酒《みき》」となります。これにはお持ちくださった方も「こんなに味が変わるんですね！」と驚いておられます。

また、ご家庭の神棚でのお願い・お供えについても少しご紹介しましょう。

四国のある農家の方からお聞きしたお話です。

その方は、「初物は、まず神様に」という方でした。そして自宅の神棚に、必ずご自分の畑で取れたお野菜、初物をお供えされていました。私のところにも、いつも初物を送ってくださいます。

ある年に、こんな話を聞きました。

「今年は、大変な不作で、周りの農家はほぼ全滅に近かったけれど、家だけは不思議なことに、今までと変わらずたくさんの収穫があったのです」

そのお話は、今でも心に残っています。隣の畑が、壊滅的なのに、自分の家の畑が普通に実っている、不思議な光景ですよね。

ほかにも、子どもの通信簿を一度供えられている方もいます。

これまでお伝えしてきた通り、神社や神棚はお願いするときだけでなく、普段から意識し、常に祝福や報告を欠かさないようにするのです。神様を意識して日常を過ごすことこそが、いざというときに運を味方につけることにつながるのです。

神習慣

16

「人の名前」を書いた紙を神棚に供える

社員を「家族」だと考える

このお話は、社員がいる経営者の方にのみ必要なお話です。

新しく社員が入社されたときも、おすすめの神参りがあります。**それは入社される方の名前を書いて、神棚に供えることです。**

これと似た考え方が「お七夜《しちや》」です。

赤ちゃんが無事に生まれたことを祝う「お七夜」。生まれてから七日目の夜にお祝いし、神棚に赤ちゃんの名前を書いて供える慣習です。これは、赤ちゃんがこの先すこやかに育ちますようにという日本の伝統です。

これと同じように「経営者として、社員を家族と思い祝う」のです。

初代の神武天皇「建国《けんこく》の詔《みことのり》」の中に「日本の国をひとつの家族のように」という言葉があります。

それをお手本にして、社長は、「会社をひとつの家族のように」と思って、社員に接するのです。社長でなくとも、リーダーやマネージャーも同じで、部内や課内のメンバーをひとつの家族のようにと思って接してみてください。

そしておすすめの実践法がひとつあります。

それは新入社員の名前を紙にフルネームで書き、神棚にお供えすることです。そして「新たに入った社員たちが、健康で良い仕事ができますように」とお祈りしましょう。

言葉に出して言うことがポイントです。

「人材」は「人財」ともいいます。さらに丁寧にするなら、神社に正式参拝されることが理想です。神社に社員の名簿を持参し、あるいは社員の方も一緒にお連れして、新入社員の健康と安全と幸せ、そして良き社員となっていただけるよう祈ります。

「社員、部下の最も良いところを引き出そう」と考える

とはいえ、経営者でない人は、部下やほかの社員を家族と思えない方もいるかもしれません。「たまたまこの会社に採用されただけで、家族ではないだろう」と思う気持ちもわかります。

仕事はあくまで仕事だから、人間関係は関係ないと思う人もいるでしょう。どうしても社員を家族として見ることが難しい経営者ではない方であれば、別の方法で関係性を構築していきましょう。

先にも述べた通り、縁や運は人が運んでくるものです。だから、仕事とはいえ一緒に働く人との関係性づくりは大切です。

私がおすすめしているのは、「相手の良いところを探す」という考え方です。

これは私も人間関係を築くときに大事にしていることのひとつです。

相手の良いところを最大化するという考え方です。

人は一面的ではなく多面的なものです。良いところもあれば悪いところもある、別の言い方をすれば、見方によっては良くもなり、悪くもなるのです。絶対的に良いものというのはありません。片方から見れば悪だが、逆から見れば正義になるというのにも似ていますね。

だから、「良いところを探す」ということを意識して、人とお付き合いをする。そうすると、当然良いところが見えてきて、自然と良い関係が築けるようになるのです。欠点ばかりを見ていてもしょうがないですよね。そうではなくて、良いほうを伸ばしていきましょう。

ここで実際に、神棚に社員の名簿を供えることを行ったある製造会社の方からこんなメールをいただきました。

「今まで社員の名前を書いて、神棚に出したことなどなかったのですが、今回は社員全員の名前を出そうと思いました。書き始めた途端に、お仕事の注文が殺到したのです。予期せぬことでした。今年は、仕事量が少なく、三交代で昼夜動かしていた機械を一台止めなければならないかと思っていたのですが、仕事が殺到して、今ではフル稼働となりました」

また、社員名簿ではないですが、こんな事例もあります。

求人広告の会社で、新人賞、月間最優秀、年間最優秀賞を総なめにしたトップ営業マンの話です。この方はご自分が取ってきた仕事の広告をコピーして、毎週神棚に供え、「今週、ご依頼いただいた会社の広告です。どうかお客様の会社に、良い人材が集まってくれますように」と挨拶をしていたそうです。

お仕事は、注文を取ったらそれで終わりではなく、その先の結果が良いかどうかで次が決まります。この方はご注文いただいた会社の繁栄を祈ったところが、大切なポイントになりました。

「あなたのところに頼むと、良い人が来てくれるんだよね」

「同じ広告を、別のB広告社にも出したが、二人しか来なかった。あなたのところからは三十人の応募が来たんですよね。次も頼みます」

いかがでしょうか。今、ご紹介してきたことは、対人関係やビジネスの成果を円滑に上げるために大事なことです。たとえば、給料日の給料袋。契約書、決算書などを神棚にお供えしてお礼とお願いをする。

どれも社外に持ち出すのは、避けたほうが良いものばかりです。

ですから、神社で祈願することはまずないでしょう。どれも会社にとって人事、契約、財務など大事なことばかりです。

運が強くなるために、できることはまだまだあります。

ぜひ「心の支えとなり」「運勢強化につながる神棚」を祀りましょう。

第5章

運を味方につける神習慣

神習慣

17

鏡を大切にする

この章では、「運」を味方につけるために、日々行うと良い習慣をご紹介します。

一つひとつは、小さな習慣です。ですが、積み上げていくと、「良い運」を呼び寄せる体質にあなた自身が変わっていく力になることばかりです。

また歴史に残る名君となった方の「少し厳しい成功習慣」もご紹介します。

鏡は「神様」とふれあう大事なもの

鏡は、神代の時代からとても大事なものとされてきました。

お気づきの方も多いと思いますが、神社には多くの鏡があります。お参りしたときに正面に鏡がある場合は、鏡をよく見て手を合わせ、かしわ手を打ってください。

それは神代の時代にこんな言い伝えが残っているからです。

『古事記』の「天孫降臨」のお話によると、天照大御神《あまてらすおおみかみ》様は地上に降りていかれる瓊瓊杵尊《ににぎのみこと》様に、次のような言葉と共に「鏡」を手渡されています。


「これの鏡は　もはらわが御霊《みたま》として　わが前をいつくが如く　いつきまつれ」


この言葉の意味は、「この鏡を私だと思って、私の前に立ったつもりで鏡の前に立ちなさい」です。

「天孫降臨」とは、天の高天原《たかまのはら》の最高神である天照大御神様が、お孫様の瓊瓊杵尊様に「地上の統治」を託して、送り出すときのお話です。使命を託された瓊瓊杵尊様は、授けられた鏡と共に、地上に降臨していかれました。

天照大御神様と瓊瓊杵尊様は、たとえ天の（神の）世界と地上と離れても、「この鏡」を通じて、心を通い合わせられ、魂をふれあわせたことでしょう。そして瓊瓊杵尊様は、託された使命を立派に果たされました。

この有名なお話をただ神話として捉えるのではなく、私たちの世界に当てはめてみたいと思います。

突然ですが、私たちは、なぜこの世に誕生したのでしょうか。

「天孫降臨」のお話を現代に応用すると、人の誕生も「天から何らかの使命を託されて、この世に生まれたのでは」と考えられます。

つまり人も、天から「御霊《みたま》」を与えられて地上に誕生したと考えるならば、私たちは、天から、神様から、何らかの役目を託されて誕生しているかもしれません。それが何か、わかっている人は少ないですよね。だから鏡を大切にしてほしいのです。

天照大御神様が、「天孫降臨」の際に手渡された鏡は「八咫鏡《やたのかがみ》」といいます。

現在も伊勢神宮のご神体として大切にお祀りされています。ご神体ですから、直接目にすることはできませんが、伊勢神宮にお参りしたときは、目の前に鏡があり、天照大御神様の前に立ったと思って、どうぞ手を合わせてください。

もし天から託された使命があるとしたら、伊勢神宮は最も強く、胸への響きを感じられる場所だからです。

鏡は姿形だけでなく、心や健康、未来をも映し出す

では、次に日常目にする鏡についてです。

日常生活でも、毎朝、鏡を見て一日を始めましょう。鏡は、自分の姿形を映し出すだけでなく、心や健康、さらには未来をも映し出してくれます。

朝、鏡の前で明るい顔をしている人は、明るい一日を呼び込みます。

一方、暗い顔をしていると、暗い一日を呼び込む可能性が高いのです。

未来は、一日一日の積み重ねでつくられています。

ですから今日、鏡に映る顔はあなたの未来をも暗示しているといえます。

ぜひ朝一番に明るい顔をご自身に向けましょう。必ず明るい未来を手にすることができます。

毎朝顔を洗ったあと、鏡でご自分の顔を見て、最高の笑顔を自分に向けて、自分に

喝を入れてください。今日一日が明るい日になることを願って行いましょう。
だから洗面台の鏡は、きれいに磨いておいてくださいね。

毎朝、ご自分の顔を鏡に映し出してください。あなたは、人の前に立つときにふさわしい顔、身だしなみをしていますか。人に信頼と安心を与えられる顔、澄んだ穏やかな心で立っていますか。

鏡は、自分の姿をそのまま映し出します。姿形だけでなく、体調や精神状態も映し出すのがすごいところです。毎日、洗面台の前に立っていても、しっかり自分の顔、立ち姿を見ていなかったりしますよね。

朝鏡の前に立ったら、次のように問いかけてください。

「この顔で、人を安心させられるか」
「この顔で、人から信頼されるか」
「この顔は、明るく活気あふれる顔だろうか」

この問いかけを毎日自分に行ってみてください。

人は、あなたの顔を見て、「この人とお付き合いをしていいか」「取引を進めていいか」「評価していいか」などを無意識に判断しています。

また会社の顔ともいえる社長なら、ほかの人以上に鏡の前に立つことが大事です。ですから、社長室にも鏡を置いてください。置く鏡は、ゆがみなどのない良質な鏡が良いでしょう。そして、日々鏡の前に立つよう心がけてみてください。

日本電産の永守重信氏は、毎朝「今日を人生で一番良い日にしよう」と思って一日を始めているそうです。おそらくこの言葉には、伏せ言葉があって「今までの人生の中で」を加えて「今日を一番良い日にしよう」ではないかと考えています。

そして昨日より今日、今日より明日と積み重ねてこられた。だから大きな成果を出してこられたのでしょう。著名な方の言葉には、大事なところに伏せ言葉があるようです。

神習慣

18

「諫言役《かんげんやく》」という鏡を持つ

一流の人は、耳の痛いことを言う人をそばに置く

ここで持っていたい「もうひとつの鏡」についてお話しします。

それは自分の考え、行動を客観的に映し出す鏡。つまりメンターやコーチ、諫言《かんげん》をしてくれる人のことです。

人生やビジネスで、的確な判断をするためにも、職場や人生に「鏡役」が必要です。どれだけ頭が良く、切れ者だったとしても、自分自身のあり方、身の振り方、態度や姿勢を客観的に把握するのは難しいからです。特に、社内的に偉くなればなるほど発言や意思決定の間違いや、やりすぎな言動などを諫める人はいなくなります。だから

こそ、欧米の経営者には大金を払ってコーチをつける人が多いのです。

経営者の方が良い鏡役を得ると、自分だけでは気づかなかった視点やモノの見方が手に入り、さらなる良い経営、マネジメントができるようになります（スポーツの選手なら、良い鏡役のコーチやメンターを得ると、名アスリートになれるかもしれません）。


これから経営者、リーダーを目指す方は、メンターといえる人の中から鏡役になっていただけそうな人を探しましょう。私も、ご相談の方と一対一で面談しているときは、相手の方の心と運勢を映し出す鏡役をすることがあります。鏡役を上手に活かし、より的確な判断をなさってください。


中国にも鏡役を活かし、歴史に残る名君となった方がいらっしゃいます。

唐の第二代皇帝になった太宗《たいそう》、李世民《りせいみん》と魏徴《ぎちょう》の話を少しご紹介します。

太宗の治世は「貞観の治」と呼ばれ、君主政治の理想（盛世）といわれ、名君中の名君として讃えられています。太宗が、意思決定をする上で考える「三鏡《さんきょう》」がありました。

『貞観政要《じょうがんせいよう》』は千三百年前からある最高の帝王学でありビジネス書といわれる書籍で、

北条政子、徳川家康、明治天皇も愛読されたといわれます。
この中に「三鏡」という言葉が出てきます。
この三鏡というのは「リーダーは銅の鏡、歴史の鏡、人の鏡の三つの鏡を持たなければならない」という教えです。

本書では「人の鏡」についてご紹介します。「人の鏡」というのは、諫言役のことです。唐の第二代皇帝に即位して太宗となった李世民は、かつて自分の敵方の側近であり、学者・政治家だった魏徴を自分の側近に迎え入れます。「自分に何かあったら諫言するように」と。

魏徴は諫言役として、太宗に対し生涯を通して数十回に及ぶ諫言を行ったといわれています。太宗は、魏徴の諫言を受け入れ、名君主としての治世を行いました。
太宗は、臣下の忌憚ない諫言を積極的に受け入れ、批判に耐えることで、自らを鍛え上げていきます。

パナソニックの創業者で「経営の神様」と呼ばれた松下幸之助氏は、「衆知を集め

郵 便 は が き

料金受取人払郵便

牛込局承認

9092

差出有効期限
令和7年6月
30日まで

162-8790

東京都新宿区揚場町2-18
白宝ビル7F

フォレスト出版株式会社
愛読者カード係

フリガナ お名前	年齢　　歳 性別（ 男・女 ）
ご住所 〒 ☎　（　　）　FAX　（　　）	
ご職業	役職
ご勤務先または学校名	
Eメールアドレス メールによる新刊案内をお送り致します。ご希望されない場合は空欄のままで結構です。	

フォレスト出版の情報はhttp://www.forestpub.co.jpまで!

フォレスト出版　愛読者カード

ご購読ありがとうございます。今後の出版物の資料とさせていただきますので、下記の設問にお答えください。ご協力をお願い申し上げます。

●ご購入図書名　「　　　　　　　　　　　　」

●お買い上げ書店名「　　　　　　　　　　　」書店

●お買い求めの動機は?

1. 著者が好きだから　　2. タイトルが気に入って
3. 装丁がよかったから　　4. 人にすすめられて
5. 新聞・雑誌の広告で(掲載誌誌名　　　　　　)
6. その他(　　　　　　)

●ご購読されている新聞・雑誌・Webサイトは?

(　　　　　　　　　　　　)

●よく利用するSNSは?(複数回答可)

☐Facebook　☐Twitter　☐LINE　☐その他(　　　　)

●お読みになりたい著者、テーマ等を具体的にお聞かせください。

(　　　　　　　　　　　　)

●本書についてのご意見・ご感想をお聞かせください。

●ご意見・ご感想をWebサイト・広告等に掲載させていただいてもよろしいでしょうか?

☐YES　☐NO　☐匿名であればYES

る」ことが得意だとされています。皆からの意見をよく聞き、経営に反映していく。その根底には、人の意見を聞く「素直さ」があったといわれます。

松下氏にとっての鏡は、ひとりの人ではなく、たくさんの人の意見。そして衆知を集め、世の中を見る鏡としていたのでしょう。鏡役には、「自分自身を写し出してくれる鏡」と「世の中を映し出す鏡」があるようです。

人の上に立つ人に諫言してくれる、耳の痛いことを言ってくれる人は少ないはずです。本当の意味での諫言は、耳が痛いですし、できれば心地よいことを言ってくれる人の話だけを聞いていたい。

あなたには、あなたに諫言してくれる人、耳の痛いことを言ってくれる人はいらっしゃいますか？

あなたにとっての「鏡役を置く」こと、そして耳を傾ける素直さと度量で、ぜひより良い意思決定をしてください。

正しい諫言をしてくれる人を見抜く目を持つことは、同じくらい大切になります。

神習慣

19

感謝の言葉を口癖にする

感謝する習慣が「縁」と「運」を運んでくる

大きく成功された方たちをよく観察してみると、ある共通することがあります。
それは、**成功する人は「感謝」するのが上手い**ということです。

これまで「成功は運や縁によるもの」というお話を色々としてきましたが、実際の飛躍のきっかけは、人がつくってくれることが多いのです。
成功されている方は、自分がやってもらって嬉しかったこと、感謝していることをよく話してくれます。

株式会社ドトールコーヒーの創業者である鳥羽博道氏は、何十年も前にきっかけをつくってくれた人の話を、まるで昨日のことのように活き活きと語られます。自分の力で、とはおっしゃらないのです。そしてそのあと、「この運は、先祖が運んでくれたのかもしれない」「あのとき、このヒラメキを神が与えてくれたのでは」と言われたのです。

そこで私が気づいたのは、次のことです。

一流の人は、神様と人の両方に感謝できる
二流の人は、神様か、人か、どちらか一方にお礼を述べる
三流の人は、感謝するどころか文句を言う

一流、二流、三流という言葉は好きではありませんが、わかりやすくするための表現だと捉えていただきたいと思います。この説明をする前に、良い「縁」に出会い、活かすための言葉をご紹介します。

「縁は、神様が与えてくれ、人が運んでくるものである」


目の前の人がしてくれたように見えても、その背後で目に見えない力が働いている。そして、その逆をいえば、神様が与えてくれた縁や運は人が運んでくるのです。

つまり、神様と周りの人どちらも大事だといえます。

そこで鍵になるのが「感謝を表す」習慣です。

お礼は一度ではなく二度言いましょう。


一度目は、縁を与えてくださった神様に。

二度目は、実際に動いてくれた人に。


神様と周りの人両方に感謝の言葉を口にするのです。順番は、どちらが先でもかまいません。この二度お礼を言うことができる人は、とても少ないはずです。たいていは神様か人のどちらかに感謝するのですが、中にはどちらにもお礼を言わないなんて人もいるかもしれません。

「一粒で、二度おいしい」という言葉がありますが、「ひとつの嬉しいことがらに、二度感謝できる」ということは、実際に行ってみると、行った自分がとても気持ちが良いことに気がつきます。

そして不思議なことに、これをしていると良い縁がさらに巡ってくることが多いのです。それは縁と力を与えてくれた神様からも、直接動いてくれた人からも、両方から喜んでいただけるからでしょう。

お世話になった人に対しては、直接会って、あるいはお手紙などでお礼を言うことができます。ですが神様は、目に見えないですよね。ですから神様が降りてきてくださる神社にお参りしてお礼を言うのが一番良いのではないかと考えています。

「ありがとう」には神様が宿る

「ありがとう」の語源は「有り難し」。神や仏が「あり得ないこと」を起こしてくれたときに、神・仏を賞賛する言葉として「有り難し」「有り難い」という言葉が生まれ、

「ありがとう」になったそうです。

「ありがとう」は、室町時代以前は、人に使われたことはなく「神・仏を讃える言葉」でした。

現在の私たちは、人に対して「ありがとう」を使っています。人への、心のこもった「ありがとう」は、人を通じて神様にも届くと考えられます。

心学研究家の小林正観氏は、「〝ありがとう〟という五文字こそが最も影響力の強い言葉」とおっしゃっています。また、生涯納税額日本一といわれる斎藤一人氏も「毎日一〇〇〇回、『ありがとう』と口にしなさい」とおっしゃっていますよね。

「ありがとう」と言葉に出すと「有り難いことは何だろう？」と人は無意識で探すからだそうです。結果、人を良いほうから見られるようになり、人関係が良好になったり、物事の有り難みに気づけたりするのだそうです。

このように様々な成功されている方は「ありがとう」という言葉を大切にされています。

ただし、人の上に立つ人が「ありがとう、ありがとう」と連呼するのは、少し軽くなると感じる人もいるかもしれません。そういう方は、回数は少なくても、心のこもった「ありがとう」を言いましょう。それが神様にも届きます。

そもそも「有り難い」という言葉は、「あり得ないことが起こった＝それがありがたい」という意味です。つまり、ありがとうの反対の言葉は、「当たり前」になります。

すべてのことに当たり前はありません。誰かが何かをしてくれたという話だけではなく、車が動くこと、今日天気が良いこと、住む家があること、食べるものがあること、リモコンひとつでテレビやエアコンが動くこと、パソコンが壊れずに動いてくれること……すべてが当たり前ではなく、ありがたいことなのです。

「運を強く」は、どなたも望まれることです。持って生まれた強運の人もいらっしゃいますが、今からでも、運を強めていく方法があります。

それは**「縁を与えてくれた神様と、実際に動いてくれた人の両方に感謝する」**ことです。どちらか一方ではなく、神様と人の両方に感謝することが大切なのです。

神習慣

20

「おかげさまで」と考える

すべては誰かの「おかげさま」

「おかげさま」は、本来「お陰さま」と書きます。神様と当事者の両方に感謝をする習慣をつけると、見えない貢献をしてくれた人にまで、目が行き届く人になれます。

何か良いことがあったときに、本人と神様に「おかげさまで」と感謝する習慣をつけると陰で尽力してくれた人に気づき、感謝できる人になれます。

見えない貢献をしてくれた人にまで目が行き届き、自分自身の器が大きくなっていきます。

「おかげさまで、会社を建て直せました」
「おかげさまで、自分の気持ちの整理ができました」
「おかげさまで、社員が楽しそうに働いてくれています」
「おかげさまで、未曾有の不況でも増収増益が続いています」

「おかげさま」は、目の前で支えてくれた人のおかげだけでなく、ご縁や運を与えてくれた神様のおかげ、そんな心を表しています。だからうまくいったときに、それを自然に言える人は、周りの人からも「次に何かあったときにも応援してあげたい」と思ってもらえます。

「おかげさまで」は、日本人がもともと言っていた言葉。「おかげさまで」と言えば、さらに「おかげさまで、もっとよくなりました」と言いたくなる嬉しいことが続いて起きてきます。私は**「おかげさまが呼び込む開運サイクル」**と呼んでいます。

この「おかげさまで」という言葉は、日常的に使っていくのはもちろん、神社にお参りしたときにも言葉にする習慣をつけてみてください。

「〇〇さんのおかげです」「おかげさまで～」という言葉の反対を考えてみましょう。
逆でいうと、次のような言葉になるかと思います。

「人の世話になんかなってないよ」
「私を手伝うのは当たり前だよ」
「（うまくいかなかったのは）〇〇のせいだ」

口には出さないにしろ、このような言葉を思っている人に手を貸したい、人を紹介したいなどと誰も思わないですよね。

「神様、ありがとうございました。おかげさまで〇〇が叶いました」

神社には「お願いします！」「これを叶えてください！」といった言葉があふれています。だからこそ「おかげさまで」という言葉はひときわ光るのです。

何もないときでも、「おかげさまで、今日も一日命をいただきました」「おかげさまで、今月も元気で過ごせました」とお礼を言える人はステキですね。神様にも喜んでいただけます。

人の人生は「努力」と「運やきっかけ」の掛け算で大きく変わります。

そのきっかけとは、「感謝の心」から生まれます。私も、この言葉を常日頃から口に出していくことで、ありがたいご縁やお仕事などの依頼をいただけることが増えていきました。

「自分自身の思い（感謝）」×「努力×運やきっかけ」でより大きな飛躍を手にしてください。

伊勢神宮のおかげ横丁

伊勢神宮のとなりに「おかげ横丁」というものがあります。

おかげ横丁は、江戸時代の「おかげ参り」の頃の伊勢の様子を再現した町です。赤福餅や手こね寿司など、お参りのあとで楽しい時間を過ごした方も多いと思います。
おかげ横丁は、「お伊勢さまのおかげで商売繁盛」なのかと思っていたら、もっと深い意味がありました。

「暮らしのすべてが神様のおかげ」

という意味だそうです。
お仕事をされていても、「自分の力だけで成功した」という人はほとんどいないはずです。もしも、そう思っていたとしてもそれは勘違い。
私は成功したと思ったとしても「思っているだけ」で、実際には、周りの人との関係性だったり、運とか縁の力を無視したりすることはできません。どれだけ個人の能力が高かったとしても、自分だけの力で成功できる人はほとんどいないのです。

「おかげさまで」という周りに対する感謝の言葉が自然と口から出るようになったとき、人は「応援される人」になれるのです。

逆に、部下の成功を奪って自分のものにしたり、失敗したときに「〇〇のせいだ」「〇〇がいけないんだ」とほかの人に押し付けたりする人がいますよね。

周りに感謝するどころか、攻撃してしまう人というのは、当然誰からも応援されなくなってしまいます。

うまくいったときこそ、誰かの「おかげさま」。
うまくいったときこそ、神様の「おかげさま」。

神前に立つときはもちろん、日頃から周りに感謝をしながら、「おかげさまで」を口癖にしてみてください。きっと運気があなたに味方してくれるはずです。

神習慣

21

肯定する言葉を使う

運が味方する言葉、運が逃げる言葉

肯定語で話す習慣をつけましょう。

こう言うとビジネスをされている方は当たり前の言葉のように感じるかもしれません。でも現代は、驚くほど否定語が飛び交っているのです。そして人のやる気を削ぐ言葉、自信を失わせる言葉が蔓延しています。

身の回りにいる「ちょっとイヤだな」と思う方の口癖を思い出してみてください。「あの言葉を言われると、ガックリくる」「あの一言でやる気を失う」「なんであんな言い方をするのか」と思うような言葉を、その人は発していませんか。

そしてよく観察してみると、きっとその人は否定語が多いはずです。

肯定語で話すことは、神様とつながる習慣という意味でも大切です。

これまでもお伝えしてきた通り、神様は世の中すべてのものに対して平等であり、すべてのものを大切にされています。否定的な言葉や侮辱、侮蔑を誰かにするということは神様の意に叶わないことになります。

では、あなた自身の口癖は、いかがでしょうか。自分がどのような言葉を無意識に使っているか、自分のことは案外わからないものです。

だからこそ、会社や社長には「鏡役」が必要なのです。

どなたかに「私ってどんな口癖がある?」と聞いてみてください。もし「否定語」のオンパレードだったとすると、自ら「運」を遠ざけている可能性があります。

当然、周りの人たちも否定的な言葉を発する人、否定的な態度をする人に近づきたいと思ったり、協力したいと思ったりしませんよね。

また、会話で相手の話を聞いたときに返す第一声はどのようなものでしょうか。

「そうか」といったん受け止めていますか。

それとも「いや」と否定していますか。


相手の話を聞いたあと、こちらが発する第一声はとても大事です。

なぜなら、そのあとに続くあなたの話を聞きたくなるか、話を聞く前に心のシャッターが下りてしまうかの差になるからです。

今日から「肯定語」で話す習慣に切り替えましょう。

常に栄える方向から物事を考え、言葉にする

私は、神道の師匠である夫から次のように教えられました。

「『神道は、弥栄え《いやさか》』だ。だから『常に前向きで、明るい言葉』を意識しなさい。『常に栄える方向から物事を考え、言葉に出せ』それが神に最も届きやすい言葉となる」

栄える方向というのは様々な考え方ができますが、そのひとつが肯定語だと考えています。

神様にお願いする言葉は、ほとんどが肯定語のはずです。

たとえば、次の二つを比べてみてください。

×「この子（この社員が）がダメになりませんように」　否定語

○「この子がどうか良い道を見つけられますように」　肯定語

神様へのお願いは、基本的には肯定する言葉でお願いするはずです。

神様はいつも見ています。神社で手を合わせるときだけでなく、日頃から望む結果を言葉に出しましょう。

そして神様や神社に対してだけでなく、日頃から誰にでも同じようにするのです。

「事故を起こさないでね」ではなく「安全に運転してね」や、「失敗するなよ」ではなく「成功させよう。きっとうまくいく」といった具合に。

これとは別に、ひとつ実際にあった事例をお伝えします。

ある工場で、「クレームゼロ」というスローガンがデカデカと掲げてありました。

これ自体は珍しいものではありませんが、社員の方は、工場に入る度に、毎日「クレーム」という言葉を目にするわけです。すると、無意識でもクレームがすり込まれ、「またクレームになったらどうしよう」という意識になってしまいます。これでは悪循環ですね。では、どういう言葉が良いのか？

クレームにならないときは、どういう状態かと考えてください。クレームにならないのは、一回で納品できることですよね。

では、それを言葉にするとしたらどういう言葉が良いでしょう。

たとえば「目指せ、一発納品！」などです。

同様に、社員や部下の失敗を恐れるあまり、「〇〇をするな」と否定語を連発してしまう方がいます。こんな言葉をお聞きしたことはないでしょうか。

○失敗は許されない。しくじるなよ

○プレゼンで上がるなよ
○緊張するなよ
○モタモタするな
○あわてるな

これらはわざわざ相手を緊張させ、失敗を誘発する可能性があります。
次のように置き換えてください。

○失敗は許されない。しくじるなよ　↓　成功をつかんでこい
○プレゼンで上がるなよ　↓　平常運転でやっていこう
○緊張するなよ　↓　リラックスしていこう
○モタモタするな　↓　素早く行動しなさい
○あわてるな　↓　落ち着きなさい

このように指示や連絡であっても、できる限り肯定語で伝える習慣をつけましょう。

○「今日は人生最高の日」↓「今まで生きてきた中で、今日が最高」

結婚式の日や、試合に勝った日、何か賞をいただいたときなど、念願が叶ったときなどに思わず言ってしまう言葉です。しかし「今日は人生最高の日」は、自ら運を削いでしまう言葉。

なぜならば、この先の人生に、今日以上に良い日はやってこないからです。人は、ひとつ願いが叶っても、次々に叶えたいことは出てくるものです。

だから今日をピークにあとは坂を下りるではなく、次に成功が続く言葉を習慣づけましょう。

ここは、少しだけ言葉を言い換えれば大丈夫です。

○「今日は、人生最高の日」↓「今まで生きてきた中で、今日が最高！」

○「幸せすぎて怖い」↓「本当にありがたい幸せが続いています。感謝しています」

○「どういうわけかうまくいっている」→「○○さんのおかげでうまくいっている」

良い言葉を使えば、良い結果につながります。
悪い言葉を使えば、悪い結果に結びつきやすくなります。

ですから、良い言葉を口癖にしましょう。
言霊《ことだま》の力が働いて、あなたとあなたの周りの人の力になります。もし仮に、弱気になって、否定語が口から出てしまったときには、五秒以内に取り消してください。

神習慣

22

禊《みそぎ》を行う

禊というのは、汚れや穢《けが》れを取る意味で行われます。

テレビなどで、ふんどし姿や白装束をまとった人が、川や海に浸かり肩や頭から水をかぶったりするシーンを見たことがあるかもしれません。神道における水浴行為とされているものです。

もともとは、黄泉《よみ》の国から帰った伊弉諾尊《いざなぎのみこと》が黄泉の国でうけた穢れを水で身体を清めた禊祓《みそぎはらえ》が起源とされています。

汚れや穢れだけでなく罪をも落とし、浄化するための方法といわれていますが、この禊は今を生きる私たちにもとても有効な習慣です。

やり方は、シンプルです。

お風呂に入るときに、冷水でなくて大丈夫ですので、お湯を頭からかぶってみてください。大事なのは、そのときの「思い」です。

ポイントは「汚れ、穢れ」や「憎しみ」「怒り」「嫉妬」の感情に目を向けて、それを禊で取ろうとするのではなく、「ご自分の最も良いところが禊によって現れる」ことを念じながら禊をされると良いのです。

穢を落とそうとするときに「穢れが落ちますように！　落ちますように！」「嫉妬が消えますように！　消えますように！」などと心の中で唱えるのはどうでしょうか。

一見、良いことのように思うかもしれませんが、これはおすすめできません。

なぜなら、何度も「落ちますように」「消えますように」と唱えるというのは、落としたい対象を逆に呼び寄せることになる可能性があるからです。

「怒り」の感情を思い返せばわかるのではないでしょうか。怒りというのは何度も繰り返し思い返すと、どんどんその感情は強くなりますよね。

それと同様に、遠ざけたい思いや感情も繰り返し唱えることで、ますます強くなったり、呼び寄せたりしてしまうものなのです。

禊は、人本来の素晴らしさに立ち返るためにするものだからです。

伊弉諾尊も、「私は、黄泉の国に行って、汚いものを見、目が穢れてしまった。その汚れを落とそう」と川で禊をされました。

現代は、人が直接会うだけでなく、ネット等の中傷などでも十分傷つくようなことがある時代。自分の意思とは関わりなく、見たくないものを目にしたり、聞きたくないことを耳にしたりすることも少なくありません。

ですが仮に今、怒りや憎しみ、嫉妬の気持ちが収まらなかったとしても、そのままでは自分の良いところはどこかにいってしまう。だから禊が必要になるのです。

神は火水《かみ》なり

禊でのおすすめは「お湯を使う」ことです。

もちろん、冷水でやってはいけないということではありませんが、現代では常に心身ともに厳しい状況にいられる方のほうが多いのではないでしょうか。また「冷水を浴びせられる」といった思いをされることもあるかもしれません。

ですから冷水でさらに自分を責めるよりも、お湯を使って緊張の糸をほぐし、ゆったりして身体と心を休めながら、自分の良さを出すことを目指すと良いでしょう。

お湯で禊をすることにはもうひとつ意味があります。

それは水に火の力が加わってお湯になりますよね。**この火と水を合わせるという考え方そのものが実は神聖なもので、古神道では「神は火水（かみ）なり」という言葉がある通り、火と水と書いてカミと呼ぶ言葉もあるのです。**

だから、禊は水だけで行うよりも火と水の力が合わさったお湯で行うほうが良い、と私は考えています。

禊は、お風呂で毎日やるのがおすすめです。しかし毎日は厳しいという場合は、

○毎月一日、十五日だけは行う
○神社参りの前日には必ず行う

ので大丈夫です。もちろん、これ以外でも、ご自身で実践しやすい日を決めて行うのが良いでしょう。

たとえば、私が伊勢神宮参拝に行くときは、ご一緒に参加される人に、「一週間前から一日も欠かさず禊を毎日行ってください」と伝えています。これは神様の前に立つときに、自分の中に穢れがある状態では、神様と合いにくい、神様の波長と合わなくなることを避けるためです。

神社の空気は、とても静かで落ち着いていますよね。お参りすると、心が洗われるように感じたり、ゆったりとした気持ちになったりします。

それは神様の波長が、大きくゆったりとした波長だからです。

私たちはそんなゆったりした波長で日常を生きていないことが多いですよね。人を包み込むどころか、相手を責めたり衝突したり。日々、イライラ、カリカリとするときだってあります。

そういった日常の波長を、一週間から十日ほどかけて、神様のゆったりとした波長に合わせていくのです。

また、ビジネスパーソンや経営者の方であれば大事な契約を行う前日、大事なプレゼンテーションの前日など、勝負の日の前に禊を行うのもおすすめです。

禊には「言葉の力」も使う

もうひとつ、大事なのは声に出すということです。

これは繰り返し伝えていることですが、禊に限らず、神様に届けるためには声に出すことが基本的な考え方です。

これは気持ちの問題ではなく、「思い＝念」と「言霊」が一致したときに、神様に届く。つまり言霊で、言った通りの結果が出やすいからです。

ちなみに「禊」という字の偏は「示」という文字。この示がのちに崩して書かれるようになり「ネ」という偏になったといわれています。この「示」と「ネ」という偏は、神様を表しているといわれ、神事にまつわる漢字が多いのだそうです。たとえば、

○禊
○お祓い
○祝詞
○神様
○神社
○福
○祈
○礼
○祷
○祖

など、挙げればきりがないほどです。

大事なのは言霊とそのときの思いなのです。

「身心霊ともに清まれ！」と、私は毎日声を出して禊をするようにしています。

人は、「身も心も清まれ」と思っても、言葉に出さないと心の中で、「本当かな？」「そんなことしたって意味がないんじゃないか？」「湯をかぶるくらいで、今のこの悔しさが取れるのか？」などの思いがよぎったりします。

その場合、禊の効果は出ません。禊を行うときには、迷いを持たないこと。

「祓えるだろうか？」ではなく「祓える！」。

「切り替えられるだろうか」ではなく「切り替える」。

そう信じ切って行うこと。そのためにも、心で思うだけでなく、言葉に出して言うことが大事なのです。

ビジネスでも「この案件通せるだろうか？」とビクビクしながら提出したものは通りません。成功者は、成功する前から、「何年後に○○になる」「○○を実現する」など言葉に出しています。

叶えたいことは、言葉に出す。

これは「念と言霊」を活かした成功習慣ですが、これは禊も同じ。お湯をかぶるという行為は同じでも、思いが違えば、その効果も変わってくるのです。声に出した言葉は神様に届きます。ご自身でも浄化された感覚を覚えるはずです。

神習慣

23

「恩返し」と「恩送り」

「鶴の恩返し」という昔話は日本人なら誰もがご存じですよね。

誰かに助けてもらったり、良くしてもらったりしたときはいただいた恩を相手に返す。これ自体は子どもの頃から親御さんから教えられたかと思います。

この恩返しも神様とつながりを深める習慣です。

相手の方が困っているときや、手を貸してほしいと思われているときに、「ご恩返しさせてください」と言ってお返しをすることで、次に運が開けやすくなります。

もちろん、言葉にしなくとも受けた恩があったら積極的に返していきましょう。

「恩返し」という言葉は聞き慣れた言葉で多くの人が実践しているかもしれませんが、「恩送り」という言葉を聞いたことがあるでしょうか。

「恩返し」は、直接、ご恩を受けた人にお返しすること。
「恩送り」は、ご恩を受けた人に直接ではなく、そのあとにお会いする誰か別の方にいただいた恩を送ることです。

これは神道の「弥栄え」の考えにも合致します。

いただいた相手に直接返すだけだと、ひとついただいたら、ひとつお返しする。どなたかほかの方にお送りすると、その数だけ何倍にもなります。二人の方にお送りすれば二倍に、三人の方にお送りすれば三倍になります。

この二つはセットで行っていくと、より強固に神様とつながる習慣になります。

そしてこれは、人を導く方から何回かお聞きした言葉です。

「あなたがもし私に感謝をしてくれるならば、それを私に返していただく必要はありません。それをあなたのあとに続く方、どなたか別の方にして差し上げてください。そうしたら何倍にもなって世の中に活かせるからです」

「まごころ」を表す

恩返しも恩送りも大事なのは「まごころ」を表すことです。ただ単にお菓子を持っていったり、お礼状を出したりするのではなく、それに対して心を込めるのです。

「とはいえ、まごころなんて目には見えないもんだからなあ」

そんなふうに思っていませんか。

「まごころ」は、見えないからこそ、形にする必要があります。要するに、言葉にしたり、何かしらの行動を伴って「まごころ」を表現するのです。

私がしていることをご紹介します。

私は、名刺交換などをしたときには、いただいた名刺を神棚の前に供え、神様に名刺の方とご縁をいただいたお礼を述べます。そして「もしご縁のある方でしたら、この先もどうぞよろしくお願いいたします」とお願いをします。

人数が多いときには、「今日は、○人の方と名刺交換をさせていただきました。ご縁のある方であれば、よりご縁が深まりますよう、よろしくお願いいたします」と声に出しています。

この行為は、わざわざ人に言うことではありません。そのため相手に伝わるかはわからないかもしれない。しかし、それで良いのです。

あなた自身の行為・振る舞いが、相手を思いやる心や行動ににじみ出てきます。結果、上の方ほど「まごころ」に、価値を感じてくれます。

もちろん何も感じられていない方もいらっしゃるかもしれません。でもそれでも良いのです。今自分ができる最善をする。相手からしてもらう前に、まず自分ができることを先にする。そうすることで「まごころ」を表すことができると信じています。

ここで私が、なるべくお手紙を添えて、「まごころ」を伝えようと思うきっかけとなったお話をご紹介いたします。

ドトールコーヒーの鳥羽氏から教わったお話です。

「社員の誕生日には会社から花を贈っているのですよ。社員だけでなく、社員の奥さんの誕生日にも送っています」

「えっ？　全社員にですか？　それってかなりの費用になるのでは？」

「たしかに費用はかかります。でもね、費用の問題ではないのですよ。その人の誕生日は年一回しかないでしょ。だから会社として祝いたいと思ったのです。

花を贈ったあとに、お礼状が届いたりしますよね。中には心のこもった素晴らしいお手紙をいただくこともあります。それが僕にとっての宝物なのですよ。僕の社長室の金庫には、そうした手紙が入っているのですよ」

私があまりにも驚いて、それがそのまま顔に出たらしく、「金の延べ棒でも入っていると思いましたか？」と笑われてしまいました。そして、

「もちろん財は大切なことです。僕もそのために、夜も寝ないで頑張ってきた時期があります。でも僕にとっての『本当の宝物は、まごころ』であるということに気がついたんですよ。僕に力を与えてくれるのです。なぜなら、そうした社員たちのために、

自分はどんなに苦しくても頑張ろうと思えるからです。考えてみると、『社長が、社員を守っている』と思っていたが、『社長は、社員に守られている』んですね」

とおっしゃいました。

まとめますが、ぜひ習慣にしていただきたいのは、「恩返し」と「恩送り」です。

そして、それぞれに対して「まごころ」を込めてしましょう。心で思うだけでなく、送るものを神棚に供えたり、相手が喜ぶことを考え実行したり、目に見える形で表していくこと。

それが回り回って、ご縁や幸運を呼び込むことになるはずです。

神習慣

24

相手の方の「特別」を「特別扱い」する

相手の方にとっての「特別」を「特別扱い」する。

どんな人でも、その方にとっての「特別」はあります。

一番わかりやすいのは誕生日。その人が、この世に生を受けた特別な日です。

誕生日を祝うのは、あなたが「この世に生まれてきてくれてありがとう」のメッセージでもあります。

ですから誕生日のお祝いを、たとえ一日違いであろうとも、ほかの方の誕生日と合同でとか、別の記念日と一緒にされることを喜ぶ方は少ないでしょう。

あなたにとって大事な日は、いつですか?

たとえ人が祝ってくれなかったとしても、あなた自身がその日を大切にしてください。人が祝ってくれないときでも、神様は祝ってくださるからです。

そしてあなたは、あなたの大切な人の「特別」な日を「特別扱い」してあげてください。人は誰でも、自分を大切に思ってくれる人がいることで勇気が出て、今まで以上の力を出せます。そして、人生に自信を持て、力強く前進できるのです。

これは紀伊國屋書店の元CEOの松原治氏からお聞きしたことです。

松原氏のご家族は、松原氏が戦争から復員された日を、「第二の誕生日」として毎年祝ってくれていたそうです。

その日は、松原氏にとって特別な日。生きて日本の土を踏めた日だそうです。だからご家族の方も、松原氏が生きて帰ってきてくれた日を特別な日として大切になさっていたのでしょう。それを話してくださったときの嬉しそうなお顔が忘れられません。

自分の「特別」を「特別扱い」してくれる人がいる。あなたも、ぜひ大切な人に、そんなメッセージを送ってください。大切な人も、それに応えようとしてくれることでしょう。

神習慣

25

神貯金をする

多くの方は、神社とは神様にお願いに行くところとお考えと思います。

「一流の神参り」とは、神様へのお願い、感謝、恩返しの三つが揃うことだと私は考えています。そこであなたに、「神貯金」と「徳の貯金」のご提案をします。

「神貯金」も「徳の貯金」も、目に見えない「天に預ける貯金」のことです。

いつ引き出せるか、どのくらい利息がつくかはわかりません。天のみぞ知る世界ですが、天の利息は無限大。自分だけでなく、家族、子孫などにも引き継げる、目に見えない財産といっていいでしょう。

では「神貯金」と「徳の貯金」とは、具体的に何をすることでしょうか？

「神貯金」は、神様に対する感謝と恩返しを行動で表すことです。

具体的には、「ご寄進（寄付）」と「ご奉仕」です。

「徳の貯金」とは、地域への貢献、環境への貢献、教育などへの貢献のことです。

「ご寄進」をする神社は、黄金の三角形を基準に、まず「伊勢神宮」と「氏神神社」です。可能なら崇敬神社へと広げていきましょう。

ご寄進の時期としては、たとえば一年のお礼として年末や創立記念日などに毎年したり、神社のお祭りのときや神社のお社建て替えのときなどです。

「ご奉仕」は、「時間と身体を使って、汗を流すこと」です。詳しくは一七二ページでご紹介しますが、たとえば境内の掃除をする、神社の役員・お祭りの役員などをする、といった具合です。

一流の人は、どんな「神貯金」「徳の貯金」をしているのか?

一流の人は、どんな神貯金や徳の貯金をしているのでしょうか。

たとえば、神社の建て替えの際にご寄進をする、鳥居などを奉納するなど様々です。伊勢神宮などには、大きな菊花石がご奉納されています。

実は、桁違いの神貯金をしている方のお名前は、世の中に出ることはほとんどありません。たとえば、ある大手小売業の創業一族の方は、毎年神社で最高のご寄進額として表に出ている金額より、ゼロの数が一つか二つ多い寄進をされています。しかしご本人が「絶対に自分の名前は出さないでください」と言っておられるためにお名前が出ないのです。

「神貯金」は、神様に対してのこと。だから神様が受け取ってくだされればそれでいいとお考えのようです。「誰が見てくれなくても、おてんとう様が見ている」という考えがありますよね。人に知られなくても、神様のお役に立てるといった行動をしたときに、ご自身が清々しい気持ちになれるということでしょう。

外国にも、「浄罪」という、多額の寄付をすることで罪を清めるという考え方があります。寄付などの文化は、外国のほうが日本よりも進んでいるといえます。

これは私の個人的な考えですが、日本人には「浄罪」＝「マイナスを消す」という考えよりも、「神貯金」「徳の貯金」＝「プラスの積み立てをする」という発想のほうが、『念と言霊』から見ても良いと考えています。

まずはできるところから始めてみましょう。

三重県のある社長は、毎年、伊勢神宮に玉砂利を奉納されているそうです。毎年トラック十台に紅白の幕を張って、お届けされているのだとか。親子二代で続けておられるそうです。

一流の方は、自分が使うもの以外にもお金を使っている。そして身体を動かしています。人のためにと思わない人は、本当の意味での成功はしにくいのだと思います。

「神貯金」をする上で大切なこと

大事なのは「今の自分ができる最善をする」ことです。

ご寄進は、ひとくち一〇〇〇円から、三〇〇〇円、五〇〇〇円などあります。ご自身が使える時間とお金の中から予定しておくと良いでしょう。

今は、会社から独立して起業される方も多いですね。ひとりビジネスの方も増えています。ご寄進の時期は、年末や創業記念日、あるいは神社のお祭りなどのときがおすすめです。

どのくらいご寄進するかについては、人それぞれ違いますが、**「手取り収入のうちの何%」と比率を決めて行う**のもおすすめです。比率はご自分で決めて大丈夫です。たとえば「収入の三%、一%をご寄進する」と決めておくなど。

金額で決めると、収入が減ったときなど続かなくなりますが、比率にしておくと、自分の収入が上がったときにはたくさんできますし、下がったときには無理をしなくてよくなります。

「できるようになったらしますよ」と思っておられる方が多いと思いますが、自分の収入の中から、できる範囲でまず始めるのがおすすめです。

神社の建て替えのときには、瓦一枚五〇〇〇円という寄付もあります。

ちなみに私が主宰する大志塾では、**伊勢参拝の際に「十年後のご自分との約束」の時間を設け、神域の中でご自身に約束していただいています。**

「日本人の経営者として恥ずかしくないご寄進ができるよう、良い仕事をします。会社を発展させます。〇〇を自分自身に約束します」と。

また、研修に参加したある社長は、「十年後までに〇〇〇万円のご寄進をしようと決めました。毎月〇万円ずつ積み立てていけば目標の数字になるので、早速、神貯金用の積立通帳をつくりました」といって実行しておられます。

不思議なことに、「できるようになったらしたいと思います」と言っている人より、ビジネスの進展があるのです。

目に見えない「神貯金」には、大きな利息がつくかもしれません。

神習慣

26

日々、徳を積み上げておく

神貯金というのは基本的には、神様、神社に対してのご寄進とご奉仕です。
しかし、もうひとつあります。それが「徳を積む」ことです。

これも立派な神様へのご奉仕になると考えています。というのも、人間一人ひとりは神様から御霊《みたま》を与えられた存在。

つまり、この世の中において、神様からの恵みを受けていない存在はいないのです。
ですから、身の回りの人、身の回りでなくてもお客様やこれからお客様になる可能性のある人たち、これからも関わりがないであろう人たち、人間だけでなく動物や自然といったものでもかまいません。

そういった人たちのためになること、役に立つことも意識的に行ってみましょう。

「一日一善」という言葉があります。「一日に一度は善《よ》いことをしましょう」という標語で、四字熟語として知られていますね。これは仏教由来ですが、まさにその通り。

もちろん、一善でなくても何善でもかまいません。ただ、「何善でもいいですよ」と伝えるとつい人は忘れてしまう生き物です。

私がおすすめするのは、「徳を積み立てる時間」を意識的につくることです。

神社でなくとも社会奉仕活動は何かしらできるはずです。ゴミ拾いでもかまいません。こういった時間をつくるという意識を持つと、それは「やらなきゃいけないこと」「やること」といったタスクではなく、予定に変わります。

人と一緒に行うとより明確な予定となり、やったりやらなかったりというばらつきがなくなります。

繰り返し伝えている通り、運や縁を運ぶのは人なのです。ですから、誰かと一緒に奉仕活動や徳を積む活動を行うということが、積もり積もって神様から運やご縁を与えられるきっかけとなるのです。

神習慣

27 ご奉仕をする

次にご奉仕です。これも神貯金であり、徳の貯金にもなります。

ここでいう「ご奉仕」とは、「神様に対して時間と身体を使って、汗を流すこと」です。

具体的にいえば、次のようなものが挙げられます。

- **お仕事を通じてのご奉仕をする（献茶、お掃除など）**
- **境内の掃除をする**
- **神社の役員、お祭りの役員などになる**
- **経営者は、崇敬会会長、氏子総代などをする**

神社の崇敬会会長や氏子総代は、氏神様なら地域の名士、伊勢神宮なら日本の名士ともいえる人がなります。たとえば、伊勢神宮崇敬会初代会長は、パナソニックの創業者、松下幸之助氏であり、二代目はトヨタ自動車の元社長、豊田章一郎氏。豊田氏は、伊勢神宮崇敬会会長を長い間務められています。

もちろん伊勢神宮ではなくとも、皆さんの地元の氏神様の神社などで氏神様の役員、あるいは氏子総代、地域の名士を目指すという選択肢もあります。

こういうとご奉仕に対するハードルが高いように思われるかもしれませんが、もちろんご奉仕というのはそれだけではありません。

ご自分のお仕事を通じてのご奉仕もあります。

ご自分のお仕事を通じて、神社に貢献できることを考えてみましょう。

たとえば、印刷会社であれば、神社のパンフレット制作に協力する、イベント会社であれば神社に人を集めるイベントを共催したり、集客の協力をしたりするといったことでもいいでしょう。プロだからこその最高のご奉仕ができるかもしれませんね。

神社の境内を掃除する

もうひとつ、習慣にしやすいご奉仕が神社の掃除です。

神様は「明るく、清らか」なところに宿られるといわれています。神棚を毎日きれいにし、きれいなお水やお米、お酒を用意するのは、神様に対しての礼儀というのもありますが、何より明るく清らかでないと神様は来てくださらないからです。

だからこそ、神社はきれいに整った状態を保っています。

その一方で、神社も人手不足です。よく見ると枯れ葉が溜まっていたり、神社の外壁が汚れていたり、なかなか管理が行き届いていない神社も多くあります。

もしも、あなたの氏神神社がそのような状況だったらどうでしょう。これまでであれば、そういったことに意識を向けていなかったかもしれませんが、一度ご自身の氏神神社をよく見て回ってみましょう。

神社が長い間、人も立ち寄らず埃だらけになっていれば、神様は黙って去っていきます。

ですから、神社の境内をお掃除することがとても良いご奉仕となります。

「突然訪ねて掃除したいなんて言ってもいいのだろうか？」と思う方もいらっしゃるかもしれませんが、ほとんどの神社は喜んでくださるはずです。ただそれぞれの神社のやり方もあるので、お掃除をする前には、事前に申し出てください。町内会などでお掃除の奉仕をしていたら、そこに参加するのも良いですね。

早朝に神社を掃除してから仕事をする。月一回だけでもかまいません。この習慣を持っているだけで、神様と良い関係性になることができます。

奉仕の事例

▼神田神社氏子総代　龍角散社長

神田神社の現在の氏子総代のおひとりである龍角散の社長・藤井隆太氏。神田祭のときには、神田祭バージョンのＣＭをつくったり、薬のゆるキャラで練り歩いたり、地域密着の活動と薬業界の発展に積極的に取り組んでおられます。

「なぜ利益にならないことをそこまでできるのか？」

それに対する藤井氏のお答えは次の通りです。

「私は神田明神の氏子総代のひとりですから、せっかくの特別なお祭りだったら何か応援したいと思ったのです。当社の製品で何かお役にたてることはないかなというのはずっと考えています。別に金儲けするだけが企業の仕事ではないのですよね。結局企業は、自分たちのためだけじゃない、お客さんはもちろん、地域のために貢献する責任があるのではないかと私は思いますね」（千代田区広報より）

純粋に地域の繁栄を応援したいという気持ちと、会社としての責任感が伝わってきました。「一〇〇年企業」の秘訣がわかったような気がします。

▼箱根・天成園の玉簾《たまだれ》神社　万葉倶楽部会長　高橋弘氏

天成園は、全国にホテル、旅館を展開する万葉グループの旅館のひとつです。箱根の旅館、天成園の中には、玉簾神社があります。箱根神社から唯一のご分社です。

毎月二十一日には、箱根神社から神主様を招き「名水祭」を行い、箱根の名水に手を合わせて感謝をしています。祝詞《のりと》のあとで、神主様が、飛び石を伝って滝の下まで行き、名水をくんでこられます。そして参加した人、皆でいただきます。

私が参加した際、会長の高橋氏はこんな話をしてくれました。

「箱根の街は、皆、この名水のお世話になっています。ホテルや旅館がこの水を使って、お客様をおもてなししています。ささやかですが、私が代表して神様にお礼の気持ちで行っています。だから毎月のお祭りを、今まで十年以上一度も欠かしたことがないのです」

この名水祭は、どなたでも参加できます。滝の下は、小さな池のようになっていて、飛び石を伝って滝の下まで行くことができます。

▼一万人のお宮奉仕　塚田昌久氏

塚田昌久氏は、グループ企業七社を率いる社長ですが、全国の神社でお掃除をする「一万人のお宮奉仕」という活動を行っています。

塚田氏は、数々の苦難を味わう中で、日本の良き精神性をそなえることが、いかに人生や事業の中で大事か身を以て体験されたそうです。そして現在、神社のお掃除を通じて日本の良き精神を呼び戻すことに尽力しておられます。

神社でお祓いを受けてから、お掃除のご奉仕をする。お掃除のあとは、神主様から神社の由来や生き方などを学んでいます。二〇二一年の東京オリンピックのプロデューサーの方なども参加されています。参加された方は、心が落ち着く、洗われると言われます。

塚田氏は、「神社の掃除を通して、日本人の素晴らしさを蘇らせたい。そして、次世代につないでいきたい」と語っておられます。

活動の規模は、全国に広がり、各地域の責任者の方たちも育っておられるそうです。どの神社で何日にご奉仕をするのか、三カ月くらい先まで予定もホームページに示されています。なお、ご奉仕の様子は、季刊誌『和合』の中で毎回紹介されています。

縁の下の力持ち、場を整えることの価値に気づく

伊勢神宮などは、いつお参りしてもきれいな参道が迎えてくれます。風の強い日な

ど、ひと晩で落ち葉や木の枝などが参道にたくさん落ちることもあります。ですが、多くの人がお参りする数時間後には、参道は元のきれいな状態になっています。

落ち葉を片付ける人や、玉砂利を奉納されている人などがいるから、清々しい参道が維持されています。

つまり「神様と人とが出会うための場を整える」人がいてくださるわけです。

職場でも「場を整える」ことは大事ですね。「場を整える」ことで、会議でもプレゼンでも、最大のパフォーマンスを発揮できる土台ができます。

「場を整える」ことに目を向けることで、「縁の下の力持ち」である人、裏で準備や片付けをしてくれた人にも、感謝できる人になれます。

「目に見えないところほど、神が見ている」のです。

職場では廊下などに落ちているゴミをさりげなく拾うことや、場を整えてくれた人、縁の下の力持ちの人に、一言「ありがとう」と声をかけるなどしていくだけでもいいでしょう。

神習慣

28

一日五分、朝日を浴びる

日本人は「大自然の中に神を見る」といわれます。

たとえば、欧米など一神教が深く根付いている国では滝を見て「きれいだ」「壮大だ」と感じたとしても、「神そのもの」だと感じる人は多くいません。

しかし、日本では滝を見て神様の力を感じたり、神々しさを感じたりするでしょう。実際、滝の前に鳥居があったりしますよね。昔から日本人は自然に対して神様を意識していたのです。

伊勢の近くに二見ヶ浦という場所があります。そこには大きな岩が二つあり、そこから朝日が登ってくるのですが、それに向かって手を合わせて拝むという習慣があるのは日本人だけなのです。

また富士山などに登ると、頂上近くで「ご来光」を迎えることがあります。山の上で迎える朝日は「ご来光」と特別な呼び方になるようです。山の上で見る朝日の荘厳さは格別です。特に信心深い人でなくても、そのときには自然に手を合わせ、自然に頭が下がる。この感覚も日本人ならではかもしれません。

日本人は太陽そのものを「日の出」、「おてんとう様」と言ったりして、太陽の恵みを昔から大事にしてきたのです。

天照大御神様は天皇家の祖先であり、八百万の神の中でも最高位に位置付けされていますが、別名は太陽神です。太陽の恵みは、どなたにも分け隔てなく与えられます。ぜひ受け取ってください。

朝日を浴びる作法

朝日を浴びる習慣としての基本は、日の出のタイミングではなくていいので、朝日が昇っている状態で手を合わせて「今日も一日よろしくお願いします」と唱えることです。

もしも時間があるのなら、自分の正面側に五分、背中側に五分朝日を浴びるようにしてみてください。時間のないときには三十秒でもかまいません。

もちろん、雨の日もあれば曇りの日もありますよね。それでも変わらず朝日を浴びるようにしてください。雨の日に外で浴びる必要はありません。窓越しに浴びるので大丈夫です。安心してください。雨の日、曇りの日は陽の光など降ってこないように思うかもしれませんが、そうではないのです。

飛行機で雲の上に行ったことのある方はご存じと思いますが、雲の上には変わらず燦燦《さんさん》と太陽が輝いています。その太陽に向けて拝むのです。そうやって一日をスタートさせていきましょう。

人生には、晴れの日もあれば、曇りの日もある。そして大嵐の日もあります。ですが朝日を浴びる習慣を続けていると、人生の晴れ、曇り、嵐をも乗り越えられる不思議な力が身につくようです。

また朝日を浴びることを習慣にしていると気づきますが、季節によって、太陽の位置は大きく変わっていきます。いつも同じ方角ではなく、太陽がある位置に向かって浴びましょう。

日本電産の永守重信氏は、「ひまわりくん」というあだ名がつくくらい、お日様の方角に向けてデスクの向きまで変えておられた時期があるそうです。

ほかの社長からも「僕はビルを買ったり、借りたりする際、東向き、南向きの物件しか選ばないよ。そのくらい太陽の光を大事にしている」とお話しされていました。

日本人は昔から陽の光を気にして生きてきたのです。

不動産も、南向きや東向きというのは北向きや西向きより人気がありますし、値段も高いですよね。洗濯物が乾かしやすいとかそういう以前に、陽の光というのを大事にしていた国民なのです。

朝のルーティンに神習慣を入れる

朝は、「眠いな」「もう少し寝ていたいな」「朝日の前にコーヒーが飲みたいな」などと思いますよね。ですが、ここで思い切って、「行動と思考の転換」をしてください。

なぜなら、「人生の勝負は、朝で決まる」といっても過言ではないからです。

一　顔を洗う（朝の禊《みそぎ》　一四八ページ参照）

二　鏡で自分に挨拶して喝入れる（鏡を大切にする　一一八ページ参照）

三　朝日を浴びる

四　神棚がある人は神棚の水を取り替えて手を合わせる

ここまでを朝のルーティンにしてほしいのです。

はじめから全部行おうとすると、続かないかもしれません。習慣にするコツは、一気に行おうとせずに、少しずつから始めて、無意識で行えるようにしていくことです。

ですから、「鏡」「朝日」「神棚」の中から、まずはひとつ選んで始めてみてください。

毎月一日は新しいものを揃える

神棚のお供えは、一般に一日と十五日に、米、塩、榊《さかき》などを、新しいものと取り替えます（毎日取り替えている方は、そのまま続けてください）。水は毎日替えます。

私は、三方の上の白い紙も、一日と十五日に必ず新しい紙と取り替えています。

もったいないようですが、神様の前の白いものを真っ白にしておきたい。そして、「いつも神の前で、真っ白な、まっさらな心でいたい」からです

では、神棚のお供えを毎月新しくする習慣を、日常生活にも応用してみましょう。

それは毎月一日に、何かひとつ新しいものを身につけてひと月を始めることです。


たとえば、「毎月一日は必ず新しい靴下（肌着）を身につける」というのもおすすめです。


なぜ靴下かというと、「身だしなみは、足元から」といいますよね。靴、靴下は、あなたの全体重を受けて、縁の下の力持ちとして心身を支えてくれています。

靴に気を配る方は多いと思いますが、靴下はいかがでしょうか。足の裏などは、人の目に触れないところ。見えないところこそ、心を配る。

そして近くの氏神様に朔日参り《ついたちまい》りをするのです。

神習慣

29

空間に「神の気」を取り入れる

神道では、祓い清めを大事にします。

朝、窓を開けて、部屋の空気を入れ換えましょう。

よどんだ空気のままでは、神の力はいただきにくいです。前の晩のよどんだ空気が、新しくきれいな空気と入れ換わり、爽やかな一日を始めることができます。

これは風の神の祓いでもあり、「大祓詞《おほはらへのことば》」の中にもあります。

科戸《しなど》の風《かぜ》の天《あめ》の八重雲《やへぐも》を吹《ふ》き放《はな》つ事《こと》の如《ごと》く

朝《あした》の御霧《みぎり》　夕《ゆふべ》の御霧《みぎり》を　朝風《あさかぜ》　夕風《ゆふかぜ》の吹《ふ》き拂《はら》ふ事《こと》の如《ごと》く

風の神様が、汚れや穢れを、風の力で祓ってくださる言葉です。

夜明け前から起きていると気がつくのですが、日の出前後には、とても清々しい空気が動きます。窓を開けて、朝の空気を部屋の中に取り入れましょう。

「風通しの良い家」「風通しの良い会社」という言葉がありますよね。

風通しが良いということは、神の通り道が確保できている、あるいは神の気がちゃんと巡っているということです。

そして外に出て、朝のきれいな空気の中で深呼吸をしましょう。すると身体の中にも、「神の気」を取り入れることができます。

あなたが、普段からされている呼吸法があったら、ぜひなさってください。

呼吸の基本は、「吐く」が先。吐ききること。

私が習った呼吸法、神式呼吸法では、「もうダメだ！」と思ったところから、神の領域に入るという少し特殊な呼吸法もあります。いずれにしても一日に一度は、息を吐ききって、体内の気を新しく入れ換えてください。

神習慣

30

時の神に味方される「神時間」で勝負する

時間にも、神様の力が働いています。

これからご紹介する「神時間」を活かして、一気に勝負しましょう。

一番の「神時間」は、日の出から九時前までの時間のことです。企画などを練る、原稿を書くなど、何か創造的なこと、新しいことを生み出すには最適の時間です。

「それは通勤時間中です」という方もいらっしゃると思います。

しかし「神時間」を活かしたかったら、神時間に自分が合わせること。別の言葉でいうと「日の出の勢い」に乗るということなのです。

早朝に朝日を浴びた方はご存じかと思いますが、みるみる高く昇ってく朝日の速度に驚かれたことでしょう。ぼやぼやしていたら、あっという間に高くに昇ってしまいます。乗り遅れたらもったいないですね。とはいっても毎日だと大変ということもあるでしょう。そのときは大事な企画などのときに、ぜひ神時間を活かしてください。

閃いた瞬間に、即座につかみ取る習慣

閃いた瞬間につかむことを意識しましょう。

神社や自然の中で写真を撮るときに、「今だ！」と思う瞬間があります。いわゆるシャッターチャンスです。そのときに一秒でも遅れると、場面がまったく変わってしまうことがあります。たとえば空にかかる雲。一秒でもまったく違う形になってしまうことがあります。

チャンスも、同じくらい速いものです。だから即座につかみ取る。ヒラメキを良い結果に結びつけるために、速攻手にすることを習慣づけてください。そのためには、事前の準備も必要ですね。

日本には八百万の神様がいらっしゃいます。時の神様からも力をいただきましょう。

おわりに　日本人としての魂を蘇らせる

最後までお読みいただき、ありがとうございました。

この本が、あなたの人生がより充実し、力強く進むことにつながれたら、著者としてこんなに嬉しいことはありません。

人生は、世の中の大きな流れに巻き込まれたり、運の浮き沈みに翻弄されたりすることもあります。この世には、人の力では、どうにもならないこともあるでしょう。

一方で奇跡のような運や縁を手にして、力強く乗り切ることも可能なのです。つまりあなたの手で良い運を引き寄せ、乗り切っていくことができるのです。

「神習慣」の中には、今すぐにできる「小さな習慣」もあれば、一生大事にしていただきたいほどの成功の鍵を秘めているものもあります。

あなたにとっての大事な鍵となるのは、どの習慣でしたか。

また本書では、「日本人の魂を蘇らせる」という意味の言葉が随所に出てきました。

それは「日本人の魂を蘇らせる」ことで得られる大きな力があるからです。

私は、「日本人の魂を呼び覚ますこと」が、自分の使命のひとつだと思っています。

日本人の魂をさらに呼び覚ましたい、より運を強くしたい、と思う方には、毎月二回、一日と十五日の朝八時に、『大願成就の道しるべ』というメルマガをお届けしています。よろしかったら登録なさって、引き続きお読みいただけたら嬉しいです。


あなたの持っている習慣に、この本でご紹介した「神習慣」を加えていただくことで、驚くほど、成功体質に変わることができます。あなたのこれからの成功や人生の充実を心より願っています。

藤原美津子

【著者プロフィール】
藤原 美津子（ふじわら・みつこ）

神道研究家

大手鉄鋼会社に10年勤務後、神道哲学家であり、のちに夫となる故・藤原大士に師事。32年以上、神事に従事し、人と接するよりも神と接するほうがはるかに長い時間を過ごす。

経営者の大いなる志を実現する塾「大志塾」主宰。これまでに延べ8000人以上の方に、経営者、リーダーとしての神仏との関わり方などの指導や祈願を行っている。

全国の神主との交流も深く、伊勢神宮参拝の同行では、参拝後「顧客層が広がった」「視野が広がり、使命が明確になった」など劇的に変わる経営者が続出。

著書に『神様は、ぜったい守ってくれる』（青春文庫）などがある。


『大志塾』サイト　http://taishijyuku.jp/

ブックデザイン：小口翔平＋畑中茜＋須貝美咲（tobufune）
図版：二神さやか
DTP：野中賢／安田浩也（システムタンク）
編集協力：鹿野哲平

運が味方する神習慣

2024年1月25日　初版発行

著　者　藤原　美津子
発行者　太田　宏
発行所　フォレスト出版株式会社
〒162-0824 東京都新宿区揚場町2-18　白宝ビル7F
電話　03-5229-5750（営業）
03-5229-5757（編集）
URL　http://www.forestpub.co.jp

印刷・製本　萩原印刷株式会社

ISBN978-4-86680-257-2　Printed in Japan